高等职业教育汽车类专业校企合作"互联网+"创新型教材
新能源汽车技术专业

新能源汽车驱动系统

组　　编　深圳风向标教育资源股份有限公司
主　　编　王章杰　黄鹏超
副 主 编　杨耀辉　黄景鹏　李发船　梁海深
参　　编　曾　志　王新童　严匡林　龙继飞
　　　　　张宝俊　黄立权　王佩伟　钟　海

机械工业出版社

本书为"广东省新能源汽车教育资源工程技术研究中心"成果之一，由深圳风向标教育资源股份有限公司组织编写，按照校企合作、产教融合原则，积极邀请骨干高职院校双师型教师，行业、企业专家共同完成编写。

　　本书围绕"职业能力为核心"的编写理念，内容主要包括驱动系统、2018款比亚迪e5驱动系统、2019款比亚迪e5驱动系统、特斯拉Model S驱动系统和其他车型驱动系统5个模块共10个任务。本书内容上由浅到深、循序渐进，突出工学结合、紧密结合生产和工作实践，严格按照工作岗位要求设计和划分工作任务。本书采取理论和实践相结合的方式编写，大部分任务都包括任务知识、技能训练、任务总结以及实训工单，而技能训练主要以元件检测、模块检测以及模块故障为主题，引领学生掌握"记录故障现象""故障分析与诊断"等排故思路。

　　本书运用了"互联网+"形式，以二维码的形式嵌入视频、动画，以满足读者线上和线下学习的需求，方便读者使用。

　　本书可作为职业院校新能源汽车技术、汽车检测与安全技术、汽车电子技术等相关专业的教学用书，也可作为汽车维修企业内部培训用书，还可作为汽车维修技术人员和汽车4S店工作人员的参考用书。

图书在版编目（CIP）数据

新能源汽车驱动系统/深圳风向标教育资源股份有限公司组编；王章杰，黄鹏超主编. —北京：机械工业出版社，2021.6（2025.6重印）
高等职业教育汽车类专业校企合作"互联网+"创新型教材
ISBN 978-7-111-68037-6

Ⅰ. ①新⋯　Ⅱ. ①深⋯②王⋯③黄⋯　Ⅲ. ①新能源-汽车-驱动机构-控制系统-高等职业教育-教材　Ⅳ. ①U469.720.3

中国版本图书馆CIP数据核字（2021）第072239号

机械工业出版社（北京市百万庄大街22号　邮政编码100037）
策划编辑：蓝伙金　责任编辑：蓝伙金　谢熠萌
责任校对：张晓蓉　封面设计：鞠　杨
责任印制：张　博
北京建宏印刷有限公司印刷
2025年6月第1版第4次印刷
184mm×260mm · 12.25印张 · 301千字
标准书号：ISBN 978-7-111-68037-6
定价：59.80元

电话服务　　　　　　　　　　网络服务
客服电话：010-88361066　　机　工　官　网：www.cmpbook.com
　　　　　010-88379833　　机　工　官　博：weibo.com/cmp1952
　　　　　010-68326294　　金　　书　　网：www.golden-book.com
封底无防伪标均为盗版　　　机工教育服务网：www.cmpedu.com

前 言

以电动汽车为代表的新能源汽车经过近 200 年的发展,目前进入了电动化、网联化、智能化、共享化的"新四化"阶段,特别是电动化的趋势尤为明显。在新能源汽车快速发展的过程中,相关从业人员需求数量也在不断攀升,为此,国内众多汽车类职业院校也在不断增加新能源汽车技术专业人才的培养数量。

一、本书指导思想和编写原则

1. 指导思想

本书以"一主线三融合四服务"的思路进行构建。"一主线",即以能力培养目标为主线;"三融合",即融合企业职业标准,融合知识、能力及素质培养,融合线上线下+课内课外学习;"四服务",即内容体系为认识规律服务,理论基础为技术应用服务,媒体资源为教学(自主学习)服务,教学模式为教学目标达成服务。

2. 编写原则

本书以"必需、够用"为编写原则,以企业岗位需求为基本依据,兼顾行业升级需要,突出新能源汽车新知识、新技术、新工艺和新方法。

二、教材特色

本书从企业实际出发,以培养技术应用型技术人才为主,在总结多年教学经验和已有教材的基础上,充分吸取先进职教理念和方法,形成如下特点。

1. 突出职教特色,坚持质量为先

本书遵循技术技能人才成长规律,知识传授与技术技能培养并重;配合推进三教(教师、教材、教法)改革,创新编写模式;以"理实一体"为编写理念,以企业需求和岗位需要为依据,对接职业标准和岗位要求,突出职业岗位核心能力的培养,加强技能训练。

2. 突出"校企合作 产教融合",提高与行业企业的契合度

本书坚持产教融合,校企双元开发。本书由深圳风向标教育资源股份有限公司组织编写,注重吸收行业企业技术人员、能工巧匠等深度参与教材编写。本书主要围绕纯电动汽车驱动系统编写,主要包括 2018 款比亚迪 e5 驱动系统、2019 款比亚迪 e5 驱动系统、特斯拉 Model S 驱动系统以及吉利帝豪 EV450 驱动系统。

3. 体现"互联网+职业教育",提高师生的满意度

党的二十大报告指出:"推进教育数字化,建设全民终身学习的学习型社会、学习型大国。"作为"广东省新能源汽车教育资源工程技术研究中心"成果之一,本书深入贯彻落实教育数字化的理念,教学资源包括电子教案、视频动画等,能够为教、学、练、考几个不同的环节提供便利,使学生在示范中练习、在反馈中提高,为教学组织提供较大的选择空间。

由于本书内容新、知识面广,限于作者水平和能力,书中疏漏之处在所难免,诚恳期望得到同行专家和广大读者的批评指正。

编 者

二维码索引

序号	名称	二维码	页码	序号	名称	二维码	页码
1	纯电动汽车安全宣传动画		P2	9	2019款比亚迪e5整车结构		P66
2	直流电动机工作原理		P8	10	2019款比亚迪e5高压三合一的总体结构		P66
3	2018款比亚迪e5整体结构与上电原理		P13	11	2019款比亚迪e5高压三合一的拆装		P67
4	2018款比亚迪e5高压四合一结构		P15	12	2019款比亚迪e5电机控制器		P85
5	2018款比亚迪e5驱动系统的冷却系统		P28	13	2019款比亚迪e5电机控制器的拆装		P85
6	2018款比亚迪e5永磁同步电动机结构		P46	14	2019款比亚迪e5驱动电机的结构与原理		P91
7	2018款比亚迪e5电动机的拆装与检测		P54	15	2019款比亚迪e5驱动系统的冷却系统		P92
8	2018款比亚迪e5减速器的拆装与检测		P57	16	2019款比亚迪e5减速器的结构与原理		P94

（续）

序号	名称	二维码	页码	序号	名称	二维码	页码
17	2019款比亚迪e5动力总成的拆装		P94	23	吉利帝豪EV450车载充电机		P157
18	2019款比亚迪e5整车控制器		P103	24	吉利帝豪EV450电机控制器结构与DC/DC变换器		P164
19	特斯拉Model S电机控制器(变频器)		P128	25	吉利帝豪EV450电机控制器的拆检		P164
20	特斯拉Model S驱动系统的冷却系统		P143	26	吉利帝豪EV450的动力总成		P169
21	特斯拉Model S的减速器		P149	27	低速电动汽车驱动系统		P175
22	吉利帝豪EV450整体结构		P156				

目 录

前言
二维码索引

模块一 驱动系统 ... 1
任务1 纯电动汽车高压部件认知 ... 1
【任务知识】 ... 1
　一、纯电动汽车高压部件识别 ... 1
　二、高压系统整体结构 ... 3
【技能训练】 ... 4
【任务总结】 ... 4
任务2 新能源汽车驱动系统的认知 ... 4
【任务知识】 ... 5
　一、驱动系统简介 ... 5
　二、驱动电机的基本作用与主要性能指标 ... 5
　三、电动机的基本原理与分类 ... 7
　四、新能源汽车驱动电机的要求 ... 10
【技能训练】 ... 11
【任务总结】 ... 11

模块二 2018款比亚迪e5驱动系统 ... 12
任务3 2018款比亚迪e5高压电控总成的故障诊断与排除 ... 12
【任务知识】 ... 13
　一、车用电动机控制技术 ... 13
　二、2018款比亚迪e5电驱动系统概述 ... 13
　三、2018款比亚迪e5高压电控总成的作用与组成结构 ... 15
　四、2018款比亚迪e5配电箱结构 ... 16
　五、预充电容 ... 21
　六、IGBT模块高压输入端 ... 21

七、2018 款比亚迪 e5 的 IGBT 功率驱动板 ································ 22
八、2018 款比亚迪 e5 的 IGBT 模块 ···································· 22
九、2018 款比亚迪 e5 电机控制器 ····································· 23
十、高压电控总成底部结构 ·· 26
十一、驱动电机 U、V、W 接触器 ······································ 26
十二、电流感应器 ·· 27
十三、驱动系统的冷却系统 ·· 28
【技能训练】 ··· 28
　　一、检查与维护电机控制器 ·· 28
　　二、检查双路电继电器低压电路 ···································· 29
　　三、检查电机控制器高压电缆绝缘性 ································ 29
　　四、检测加速踏板深度传感器 ······································ 30
　　五、检测制动踏板深度传感器 ······································ 32
【任务总结】 ··· 33
【实训工单】 ··· 34
　　实训工单 1　电机控制器的维护 ···································· 34
　　实训工单 2　电机控制器低压电路的检测 ···························· 37
　　实训工单 3　加速踏板深度传感器故障的检测 ························ 41

任务 4　2018 款比亚迪 e5 永磁同步电动机总成的故障诊断与排除 ············· 44
【任务知识】 ··· 44
　　一、2018 款比亚迪 e5 驱动电机参数与铭牌 ·························· 44
　　二、2018 款比亚迪 e5 永磁同步电动机结构 ·························· 46
　　三、2018 款比亚迪 e5 驱动电机的工作过程 ·························· 50
　　四、2018 款比亚迪 e5 的变速器 ···································· 50
【技能训练】 ··· 52
　　2018 款比亚迪 e5 驱动电机的检修 ·································· 52
【任务总结】 ··· 59
【实训工单】 ··· 59
　　实训工单 1　电动机认知 ·· 59
　　实训工单 2　变速器的检查 ·· 60
　　实训工单 3　电动机的基本检测 ···································· 61

模块三　2019 款比亚迪 e5 驱动系统 ······································ 63

任务 5　2019 款比亚迪 e5 高压三合一总成的故障诊断与排除 ················· 63
【任务知识】 ··· 64
　　一、比亚迪 e5（3+3）平台车型的由来 ······························· 64
　　二、2019 款比亚迪 e5 整车结构 ···································· 65
　　三、高压三合一总体结构 ·· 66
　　四、充配电总成的外部连接 ·· 68
　　五、充配电总成的内部结构 ·· 69

【技能训练】 73
　一、充配电总成动力网波形的检测 73
　二、充配电总成互锁波形的检测 73
　三、充配电总成充电 CP 信号波形的检测 74
　四、充配电总成 DC/DC 数据流的读取 74
　五、充配电总成 OBC 数据流的读取 75
　六、充配电总成故障诊断与排除 76
【任务总结】 77
【实训工单】 78
　实训工单 1　交流充电基本检测、数据流分析、波形分析 78
　实训工单 2　充配电总成动力网波形的检测 79
　实训工单 3　充配电总成故障诊断与排除 80

任务 6　2019 款比亚迪 e5 驱动三合一总成的故障诊断与排除 82
【任务知识】 82
　一、驱动三合一简介 82
　二、2019 款比亚迪 e5 驱动电机系统组件 83
　三、电机控制器的功能 84
　四、2019 款比亚迪 e5 永磁同步电动机 90
　五、2019 款比亚迪 e5 减速器 94
【技能训练】 96
【任务总结】 100
【实训工单】 101
　实训工单 1　驱动系统故障诊断与排除 101
　实训工单 2　驱动总成的拆装 102

任务 7　2019 款比亚迪 e5 整车控制器的故障诊断与排除 103
【任务知识】 103
　一、2019 款比亚迪 e5 整车控制器概述 103
　二、整车控制器插接器 104
　三、加速踏板深度传感器 106
　四、制动踏板深度传感器 108
　五、电动汽车制动真空助力系统 109
【技能训练】 113
　一、整车控制器供电故障诊断与排除 113
　二、真空泵继电器回检故障诊断与排除 113
　三、加速踏板深度传感器信号故障诊断与排除 113
　四、制动踏板深度传感器信号故障诊断与排除 114
　五、真空压力传感器信号故障诊断与排除 115
　六、无级风扇控制信号故障诊断与排除 115
【任务总结】 116

【实训工单】 ... 117
实训工单 1　整车控制器数据流的读取与分析 ... 117
实训工单 2　整车控制器故障诊断与排除 ... 118

模块四　特斯拉 Model S 驱动系统 ... 120
任务 8　特斯拉 Model S 驱动系统的故障诊断与排除 ... 120
【任务知识】 ... 120
一、异步电动机 ... 120
二、特斯拉 Model S 驱动系统的整体结构 ... 122
三、特斯拉 Model S 后驱动总成 ... 125
四、特斯拉 Model S 驱动电机 ... 125
五、特斯拉 Model S 异步电动机的工作原理 ... 127
六、特斯拉 Model S 电机控制器 ... 128
七、特斯拉 Model S 电机控制器低压线束插接器及端子定义 ... 139
八、特斯拉 Model S 驱动系统的冷却系统 ... 143
九、特斯拉 Model S 的减速器与差速器 ... 149
【技能训练】 ... 150
特斯拉 Model S 认知 ... 150
【任务总结】 ... 151
【实训工单】 ... 152
实训工单 1　特斯拉 Model S 异步电动机编码器的测量 ... 152
实训工单 2　特斯拉 Model S 加速踏板深度传感器的测量及驱动系统数据流的读取 ... 153
实训工单 3　特斯拉 Model S 动力总成的拆装 ... 154

模块五　其他车型驱动系统 ... 156
任务 9　吉利帝豪 EV450 驱动系统故障诊断与排除 ... 156
【任务知识】 ... 156
一、吉利帝豪 EV450 车载充电机与高压配电板 ... 156
二、吉利帝豪 EV450 车载充电机的外部连接结构 ... 157
三、吉利帝豪 EV450 高压配电板 ... 159
四、吉利帝豪 EV450 车载充电机内部互锁结构 ... 161
五、吉利帝豪 EV450 车载充电机冷却水道 ... 163
六、吉利帝豪 EV450 车载充电机结构 ... 163
七、吉利帝豪 EV450 的电机控制器与 DC/DC 变换器 ... 164
八、吉利帝豪 EV450 驱动电机的性能参数 ... 169
【技能训练】 ... 169
一、车载充电机故障诊断与排除 ... 169
二、电机控制器故障诊断与排除 ... 169
【任务总结】 ... 170
【实训工单】 ... 170

  实训工单 1　吉利帝豪 EV450 车载充电机故障诊断与排除……………………………… 170

  实训工单 2　吉利帝豪 EV450 电机控制器故障诊断与排除………………………………… 172

任务 10　低速电动汽车驱动系统的故障诊断与排除 ………………………………………… 174

 【任务知识】……………………………………………………………………………………… 175

  一、驱动电机 …………………………………………………………………………………… 175

  二、驱动电机电气电路的连接 ………………………………………………………………… 176

  三、电机控制器 ………………………………………………………………………………… 176

  四、电机控制器的主要参数 …………………………………………………………………… 177

  五、电机控制器接线端子及端子的定义 ……………………………………………………… 178

  六、异步电动机编码器 ………………………………………………………………………… 178

 【技能训练】……………………………………………………………………………………… 181

 【任务总结】……………………………………………………………………………………… 181

 【实训工单】……………………………………………………………………………………… 182

  实训工单 1　编码器的测量 …………………………………………………………………… 182

  实训工单 2　低速电动汽车无法运行故障诊断与排除 ……………………………………… 183

模块一

驱动系统

任务1　纯电动汽车高压部件认知

任务导入

张先生购买了一辆比亚迪 e5 纯电动汽车,但是他听说纯电动汽车有高压触电的危险,请你为张先生讲解一下纯电动汽车高压部件及其使用注意事项。

任务目标

1. 能与客户进行有效沟通,了解客户需求。
2. 能正确记录车辆信息和客户信息。
3. 能正确查找资料,掌握高压系统的相关知识。
4. 能识别高压部件的位置和功能。
5. 能安全规范地使用新能源汽车。
6. 能严格执行车间 7S 管理规范。

【任务知识】

一、纯电动汽车高压部件识别

纯电动汽车高压系统包括动力电池系统(动力电池包)、驱动系统(动力总成)、电源系统（充电口）、空调系统（电动压缩机和PTC加热器）和高压配电系统（高压电控总成）5部分。

1. 动力电池包

动力电池是为纯电动汽车提供动力来源的电源。2018款比亚迪e5动力电池包位于车辆底部的底盘中部位置（图1-1）。它由168个三元锂蓄电池分13个模组串联而成，工作电压为604.8V。

动力电池包主要由动力电池模组、串联线、电池信息采集器、电池采样线、高压维修开关、液冷系统、隔热棉、托盘、接触器、密封罩组成。

纯电动汽车安全宣传动画

2. 高压电控总成

比亚迪e5高压电控总成又称"高压四合一"，安装于车辆前舱位置（图1-2）。它集成了双向交流逆变式电机控制器模块、车载充电机模块、DC/DC变换器模块和高压配电模块，其内部还装有漏电传感器。

图1-1 比亚迪e5动力电池包位置

3. 驱动系统（动力总成）

比亚迪e5动力总成主要由驱动电机和变速器共同组成，安装于车辆前桥位置（图1-3）。驱动电机采用永磁同步电动机，最大功率为160kW。

比亚迪e5变速器采用固定传动比的变速结构，内部集成了差速器。

图1-2 比亚迪e5高压电控总成安装位置　　图1-3 比亚迪e5动力总成

4. 空调系统

（1）电动压缩机　压缩机是汽车空调制冷系统的关键部件，起着压缩和输送制冷剂蒸气的作用。压缩机把制冷剂从低压区抽取过来，经过加压后，送到高压区冷却凝结，通过散热片散发热量到空气中，制冷剂也从气态变成液态，压力升高。比亚迪e5电动压缩机如图1-4所示。

传统汽车的压缩机是由发动机带动运转，而在纯电动汽车中，采用高压电力驱动的电动压缩机。

（2）PTC 加热器　2018 款比亚迪 e5 中的 PTC 加热器（图 1-5）有两个，分别是空调 PTC 加热器和动力电池包 PTC 加热器。

图 1-4　比亚迪 e5 电动压缩机

图 1-5　比亚迪 e5 PTC 加热器

PTC 是 Positive Temperature Coefficient 的缩写，意思是正温度系数，泛指正温度系数很大的半导体材料或元器件，在纯电动汽车中指用特殊材料制造的加热元件，加热元件可将动力电池的电能转化为热能。

空调 PTC 加热器是在车辆空调系统需要暖风时，将电池的电能转化为热能，加热空调系统冷却液，加热后的冷却液流经暖风芯体，为驾驶舱提供暖风。

在寒冷冬季或者温度较低的情况下，动力电池包 PTC 加热器产生热量，加热动力电池温控系统中的冷却液，提升动力电池包的温度，让动力电池在合适的温度工作。

5. 电源系统（充电口）

比亚迪 e5 充电口位于车辆前格栅位置（图 1-6），具有交流充电口和直流充电口两种（图 1-7）。充电口通过高压线束与高压电控总成连接。

图 1-6　比亚迪 e5 充电口位置

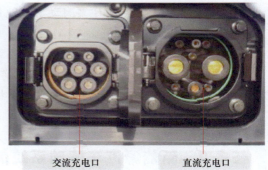

图 1-7　比亚迪 e5 交流、直流充电口

二、高压系统整体结构

2018 款比亚迪 e5 高压系统如图 1-8 所示。

2018 款比亚迪 e5 主要高压部件都与高压电控总成相连接。比亚迪 e5 高压系统主要工作状态有预充状态、EV 工作状态、制动能量回收状态、暖风 PTC 工作状态、动力电池包 PTC 工作状态、空调压缩机工作状态、直流充电状态、交流充电状态及漏电状态。

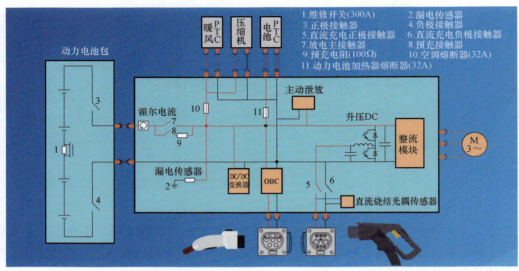

图 1-8　2018 款比亚迪 e5 高压系统结构图

【技能训练】

1）请在比亚迪 e5 上找出高压部件，说明其名称及作用。
2）根据各高压部件的连接关系，画出高压系统结构图。

【任务总结】

1. 2018 款比亚迪 e5 动力电池包位于车辆底部，底盘中部位置，工作电压为 604.8V。
2. 比亚迪 e5 高压部件主要有动力电池包、高压电控总成、驱动系统、空调系统、电源系统。
3. 比亚迪 e5 高压电处于封闭的高压系统中。
4. 比亚迪 e5 高压系统主要工作状态有预充状态、EV 工作状态、制动能量回收状态、暖风 PTC 工作状态、动力电池包 PTC 工作状态、空调压缩机工作状态、直流充电状态、交流充电状态及漏电状态。

任务 2　新能源汽车驱动系统的认知

任务导入

刘先生想买一辆纯电动汽车作为在城市上下班的代步工具，但他对电动汽车的驱动电机的一些性能参数不太了解，请你为刘先生讲解一下纯电动汽车驱动电机的一些性能参数。

任务目标

1. 能与客户有效沟通，了解客户需求。
2. 能正确记录客户相关信息，洞察客户的购车意向。
3. 能正确查找资料，掌握驱动系统的相关知识。
4. 能识别驱动电机的功能与性能指标。
5. 熟悉驱动电机的类型与工作原理。

【任务知识】

一、驱动系统简介

新能源汽车具有环保、节约、简单三大优势，在纯电动汽车上体现尤为明显。纯电动汽车以电动机代替内燃机，由电动机驱动而不需要自动变速器。相对于自动变速器，电动机结构简单、技术成熟、运行可靠。

传统内燃机能高效产生转矩的转速限制在一个窄的范围内，这就是传统内燃机汽车需要庞大而复杂的变速机构的原因；而电动机可以在相当宽广的速度范围内高效产生转矩，在纯电动汽车行驶过程中不需要变速装置，因此纯电动汽车操纵方便、噪声低。

与混合动力汽车相比，纯电动汽车仅使用电能，大大减少了汽车内部机械传动系统，结构更简化，也降低了机械部件摩擦导致的能量损耗及噪声，节省了汽车内部空间、减小了质量。电驱动控制系统是新能源汽车行驶中的主要执行结构，驱动电机及其控制系统是新能源汽车的核心部件（电池、电机、电控）之一，其驱动特性决定了汽车行驶的主要性能指标，它是电动汽车的重要部件。电动汽车中的燃料电池汽车（FCV）、混合动力汽车（HEV）和纯电动汽车（EV）三大类都要用电动机来驱动车轮行驶，选择合适的电动机是提高各类电动汽车性价比的重要因素，因此研发或完善能同时满足车辆行驶过程中的各项性能要求，并具有坚固耐用、造价低、效能高等特点的电动机驱动方式显得极其重要。

电动汽车的整个驱动系统包括电驱动系统和机械传动机构两个部分。电驱动系统主要由驱动电机、功率转换器、控制器、各种检测传感器以及电源等部分构成。电驱动系统在整车上有前置前驱、后置后驱和前后桥双电驱动（四驱）几种布置，如图2-1所示。驱动电机一般要求具有驱动、发电两项功能，按类型分为直流电机、交流电机、永磁无刷电机和开关磁阻电机等几种。功率转换器按所选电动机类型分，有DC/DC功率变换器、DC/AC功率变换器等形式，其作用是按所选电动机驱动电流要求，将蓄电池的直流电转换为相应电压等级的直流、交流或脉冲电源。

驱动电机一般由机壳、定子绕组、定子铁心、转子绕组、转子铁心等组成（图2-2）。

二、驱动电机的基本作用与主要性能指标

（1）驱动电机的基本作用　驱动电机是为车辆行驶提供驱动力的电动机，是电动汽车的动力装置。

（2）驱动电机的主要性能指标　驱动电机的主要性能指标有额定功率、持续功率、峰值功率、额定电压、额定电流、额定频率、额定转速、额定转矩、峰值转矩、额定效率、额定

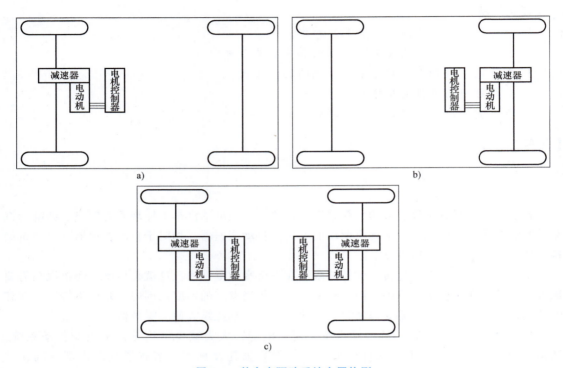

图 2-1 整车电驱动系统布置构型

a）前置前驱 b）后置后驱 c）四驱

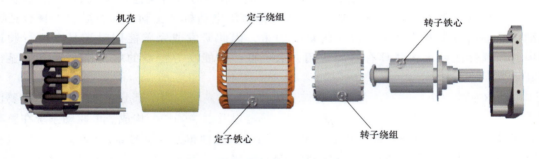

图 2-2 驱动电机的基本组成

功率因数、绝缘等级、功率密度、过载能力等。

1）额定功率：是指在额定条件下的输出功率。

2）持续功率：是指规定的最大、长期工作的功率。

3）峰值功率：是指在规定的持续时间内，电动机允许的最大输出功率。

4）额定电压：是指电动机额定运行时，外加于定子绕组上的线电压（单位为 V）。一般电动机的工作电压不应高于或低于额定值的 5%。当工作电压高于额定值时，电动机容易发热；当工作电压低于额定值时，会引起输出转矩减小，转速下降，电流增加，也使绕组过热。

5）额定电流：是指电动机在额定电压和额定输出功率时，定子绕组的线电流（单位为A）。

6）额定频率：我国电力网的频率为50Hz，因此除外销产品外，国内用电动机的额定频率为50Hz。

7）额定转速：是指额定功率下电动机的最低转速（单位为r/min）。电动汽车所采用的异步电动机转速一般为8000～12000r/min。

8）额定转矩：是指电动机在额定功率和额定转速下输出的转矩。

9）峰值转矩：是指电动机在规定的持续时间内允许输出的最大转矩。

10）额定效率：是指电动机在额定情况下运行时的效率，即额定输出功率与额定输入电功率的百分比。电动机在其他工况运行的最大效率为峰值效率，峰值效率越高越好。电动汽车还要求在车辆减速和制动时，实现能量回收，再生制动回收的能量一般可达总能量的10%～15%。

11）额定功率因数：对于交流电动机，定子相电流比相电压滞后一个角，其余弦值就是异步电动机的功率因数。三相异步电动机的功率因数较低，在额定负载时为0.7～0.9，而在轻载和空载时更低，空载时只有0.2～0.3。因此，必须正确选择电动机的功率因数，防止"大马拉小车"，并力求缩短空载的时间。

12）绝缘等级：是按电动机绕组所用的绝缘材料在使用时允许的极限温度来分级的。所谓极限温度，是指电动机绝缘结构中最热点的最高允许温度。

13）功率密度：是指单位质量电动机输出的功率（单位是kW/kg），功率密度越大越好。

14）过载能力：电动机的实际使用载荷（功率、转矩、电流等）超过电动机的额定值的现象称为电动机过载。电动汽车电动机应具有较大的起动转矩和较强的调速能力，可以使汽车有良好的起动性能和加速性能，以获得所需的起动、加速、行驶、减速和制动等的功率与转矩。

15）其他指标：除了上面所述的性能指标外，电动机还要求可靠性好、耐温、耐潮，运行时噪声低、振动小、能够在较恶劣的环境下长期工作、结构简单、适合大批量生产、使用维修方便、价格便宜等。

三、电动机的基本原理与分类

1. 电动机的基本原理

电动机是应用电流的磁效应运行的旋转电磁机械，用于实现电能向机械能的转换。电动机运行时从电系统吸收电功率，向机械系统输出机械功率。电驱动系统主要由电动机、控制器（逆变器）等组成，驱动电机和电机控制器的成本所占比例约为1:1，根据设计原理与分类方式的不同，电动机的具体构造与成本构成也有所差异。电动机的控制系统主要起到调节电动机运行状态、使其满足整车不同运行要求的目的。针对不同类型的电动机，控制系统的原理与方式有很大差别。

2. 驱动电机的分类

电动汽车采用的驱动电机种类繁多，目前主要有直流电动机、交流异步电动机、永磁同步电动机和开关磁阻式电动机等。驱动电机种类见表2-1。

表 2-1 驱动电机种类

驱动电机	直流电动机	永磁式	无刷直流电动机
		绕线励磁式	串励电动机
			并励电动机
	交流电动机	交流异步电动机	笼型异步电动机
			绕线式异步电动机
		交流同步电动机	电励磁式电动机
			永磁同步电动机
			开关磁阻式电动机

(1) 直流电动机 最早应用于电动汽车的是直流电动机，如图 2-3 所示，这种电动机的特点是控制性能好、成本低。随着电子技术、机械制造技术和自动控制技术的发展，异步电动机、永磁同步电动机和开关磁阻电动机表现出比直流电动机更加优越的性能，这些类型的电动机正在逐步取代直流电动机。

直流电动机的特点如下：

1）优点：成本低、易控制、调速性能良好。

2）缺点：结构复杂、转速低、体积大、维护频繁。

3）特性：在电动汽车发展早期，直流电动机被作为驱动电机广泛应用，但是由于其结构复杂，导致它的瞬时过载能力和电动机转速的提高受到限制，长时间工作会产生损耗，增加维护成本。

图 2-3 直流电动机

直流电动机工作原理

(2) 永磁同步电动机 永磁式电动机根据定子绕组的电流波形的不同可分为两种类型，一种是无刷直流电动机，它具有矩形脉冲波电流；另一种是永磁同步电动机，它具有正弦波电流。

这两种电动机在结构和工作原理上大体相同，转子都是永磁体，减少了励磁所带来的损耗，定子上安装有绕组，通过交流电来产生转矩，所以冷却相对容易。由于这类电动机不需要安装电刷和机械换向结构，工作时不会产生换向火花，运行安全可靠，维修方便，能量利用率较高。

永磁同步电动机的控制系统相比于交流异步电动机的控制系统更加简单。但是由于其受到永磁材料本身的限制，在高温、振动和过电流的情况下，转子的永磁体会产生退磁现象，所以在相对复杂的工作条件下，永磁式电动机容易发生损坏，所以还有待继续改善。

永磁材料价格较高，因此永磁式电动机及其控制系统成本较高，目前只有稀土资源丰富的中国比较倾向于使用永磁式电动机的电动汽车驱动方案。在日本、欧洲等国家或地区，要么是使用轻稀土的永磁材料做永磁式电动机，要么是直接改用不需要稀土材料但对控制器设计要求更高的开关磁阻电动机。

永磁同步电动机的特点如下：

1) 优点：效率高、结构简单、体积小、质量小。
2) 缺点：成本较高、高温下磁性衰退。
3) 特性：所谓永磁，是指在制造电动机转子时加入永磁体，使电动机的性能得到进一步提升。而所谓同步，则是指转子的转速与定子绕组的电流频率始终保持一致。因此，通过控制电动机的定子绕组输入电流频率，电动汽车的车速将最终被控制。

与其他类型的电动机相比较，永磁同步电动机最大的优点就是具有较高的功率密度与转矩密度，即相比于其他种类的电动机，在相同质量与体积的情况下，永磁同步电动机能够为新能源汽车提供最大的动力输出与加速度。这也是在对空间与自重要求极高的新能源汽车行业，永磁同步电动机成为首选的主要原因。比亚迪 e5 永磁同步电动机如图 2-4 所示。

图 2-4　比亚迪 e5 永磁同步电动机

永磁同步电动机应用车型有比亚迪 e5、比亚迪宋 DM、宋 EV300、北汽 EV 系列、腾势 400、众泰 E200、荣威 ERX5、吉利帝豪 EV 系列等。

（3）交流异步电动机　交流异步电动机是目前工业中应用十分广泛的一类电动机，其特点是定、转子由硅钢片叠压而成，两端用铝盖封装，定、转子之间没有相互接触的机械部件，结构简单，运行可靠耐用，维修方便。

交流异步电动机与同功率的直流电动机相比效率更高，质量约小了 1/2。如果采用矢量控制的控制方式，它可以获得与直流电动机相媲美的可控性和更宽的调速范围。由于有着效率高、比功率较大、适用于高速运转等优势，交流异步电动机是目前大功率电动汽车上应用最广的电动机。特斯拉 Model S 交流异步电动机如图 2-5 所示。

交流异步电动机在高速运转的情况下转子发热严重，工作时要保证电动机冷却，同时交流异步电动机的驱动、控制系统很复杂，电动机本体的成本也偏高，另外运行时还需要变频器提供额外的无功功率来建立磁

图 2-5　特斯拉 Model S 交流异步电动机

场，故其与永磁式电动机和开关磁阻电动机相比，效率和功率密度偏低，不是能效最优化的选择。

交流异步电动机应用较多的国家是美国，这和路况有关。在美国，高速公路已经具有一定的规模，除了大城市外，汽车一般以一定的高速持续行驶，所以能够让高速运转而且在高速时有较高效率的交流异步电动机得到广泛应用。

交流异步电动机的特点如下：

1）优点：结构简单、可靠性好、成本易控。

2）缺点：效率低、调速性差。

3）特性：相比于永磁同步电动机，交流异步电动机的优点是成本低、工艺简单、运行可靠耐用、维修方便，而且能忍受大幅度的工作温度变化；反之，温度大幅度变化会损坏永磁同步电动机。尽管在质量和体积方面，变流异步电动机并不占优势，但其大的转速范围以及高达 20000r/min 左右的峰值转速，使其即使不匹配二级差速器也能够满足车辆高速巡航的转速需求。而高能量密度的蓄电池能够"掩盖"交流异步电动机质量较大的劣势。

交流异步电动机应用车型 主要有特斯拉 Model S、特斯拉 Modle X、江铃 E200、江铃 E100、江铃 E160、众泰云 100S、芝麻 E30 等。

(4) 开关磁阻电动机 开关磁阻电动机作为一种新型电动机，相比其他类型的驱动电机，它的结构最为简单，定、转子均为普通硅钢片叠压而成的双凸极结构，转子上没有绕组，定子装有简单的集中绕组，具有结构简单坚固、可靠性高、质量小、成本低、效率高、温升低、易于维修等优点。

它具有直流调速系统可控性好的优良特性，同时适用于恶劣环境，适合作为电动汽车的驱动电机使用。有业内人士预测，开关磁阻电动机将成为电动汽车领域的"一匹黑马"。

开关磁阻电动机的特点如下：

1）优点：结构简单、体积小、效率高、成本低。

2）缺点：噪声振动大、输出转矩波动。

3）特性：开关磁阻电动机有转矩波动大、需要位置检测器、系统非线性特性，其磁场跳跃性旋转，控制系统复杂，对直流电源会产生很大的脉冲电流。另外开关磁阻电动机为双凸极结构，不可避免地存在转矩波动，噪声大也是开关磁阻电动机最主要的缺点。开关磁阻电动机外观如图 2-6 所示。

近年来的研究表明，采用合理的设计、制造和控制技术，开关磁阻电动机的噪声完全可以得到良好的抑制。日本对开关磁阻电动机的研究比较深入，日本电产的开关磁阻

图 2-6 开关磁阻电动机外观

电动机也广泛应用于电动汽车、家电等各类行业。目前国内也渐渐有厂家关注电动汽车驱动电机的未来发展方向。

四、新能源汽车驱动电机的要求

新能源汽车驱动电机比较独特，新能源汽车对电动机技术性能、主要尺寸以及工作环境等有特殊的要求，主要如下：

1）体积小、质量小。

2）低噪声，低振动。为了提高新能源汽车的乘坐舒适性，驱动电机在运行时，要其噪声及振动幅度很低。

3）高防护等级、高可靠性。电动机的控制系统及相应的电气系统的安全性要求较高，新能源汽车的动力电池组及电动机绕组中的电压很容易达到 300V 以上，其中 2018 款比亚迪 e5 汽车动力电池的电压达到 600V 以上，所以必须配备相应的耐高压的保护设备以保证乘车安全。

4）高稳态精度、高可控性、高动态响应性能。驱动电机须满足汽车频繁起停等复杂工况的要求及多台电动机协调运行的要求。

5）工作可靠、价格低。新能源汽车行驶环境复杂，驱动电机必须耐热、耐寒及耐潮湿等，以满足恶劣工作环境的要求。驱动电机的设计要保证结构简单、价格低廉、适合大批量生产、维修维护方便。

【技能训练】

1）请列出驱动电机的类型与优缺点。
2）举例应用永磁同步电动机的车型。

【任务总结】

1. 驱动电机是为车辆行驶提供驱动力的电动机，是电动汽车的动力装置。

2. 驱动电机的主要性能指标有额定功率、持续功率、峰值功率、额定电压、额定电流、额定频率、额定转速、额定转矩、峰值转矩、额定效率、额定功率因数、绝缘等级、功率密度、过载能力等。

3. 电动机驱动系统主要由电动机和控制器（逆变器）等组成，电机的工作原理都是利用电磁感应原理，将机械能转换为电能，或利用电流的磁效应，将电能转换为机械能，一般电机都是可逆的。

4. 电动汽车采用的驱动电机目前主要有直流电动机、永磁同步电动机、交流异步电动机和开关磁阻电动机等。比亚迪 e5 电动汽车驱动电机采用的就是永磁同步电动机。

模块二

2018 款比亚迪 e5 驱动系统

任务 3　2018 款比亚迪 e5 高压电控总成的故障诊断与排除

任务导入

车主刘先生买了一辆 2018 款比亚迪 e5，打开机舱盖看到一个"大盒子"（高压四合一），但刘先生不知道这个"大盒子"具体叫什么，有什么作用，里面有什么东西，所以他让销售人员给解析一下。

任务目标

1. 能与客户进行有效沟通，了解客户需求。
2. 能正确记录车辆信息和客户信息。
3. 了解高压四合一的组成结构。
4. 熟悉配电箱与 DC/DC 变换器的作用。
5. 熟悉 VTOG 的作用与工作原理。
6. 熟悉车载充电机的作用与工作原理。

【任务知识】

一、车用电动机控制技术

电动机控制技术是电动汽车的关键技术之一，它对电动汽车的性能会产生巨大的影响。由于驱动电机的原理、种类差别很大，因此，对每类电动机的控制都是针对该类电动机的原理采用适当的控制方式。

直流电动机的转速是通过控制电枢和励磁来实现的，即电动机转速在基速以下时，励磁电流不变，采用电枢控制；电动机转速在基速以上时，电枢电压不变，采用励磁控制。交流电动机采用矢量控制技术实现电动机转矩控制，其基本原理是将电动机定子电流矢量分解为产生磁场的电流分量（励磁电流）和产生转矩的电流分量（转矩电流）分别加以控制，并同时控制分量间的幅值和相位，以控制定子电流矢量。这种将磁场与转矩解耦、化复杂控制为近似于直流简单控制的方法，可获得与直流调速系统同样的静、动态性能，并能方便地实现对交流电动机的高性能调速。

永磁式电动机的控制比较复杂，为实现最佳控制，常采用两种或几种控制方案结合，例如采用最大转矩控制和弱磁控制相结合，以实现电动机的效率最佳化；将较宽范围调速控制、转矩控制和 PWM 控制集成一体的控制技术等。

随着电机控制技术的发展，近年来各种智能控制技术、模糊控制技术、神经网络控制技术已开始应用于电动汽车电动机控制中，极大地提高了驱动系统的技术性能，具体有以下几点：

1）高转矩：驱动系统低速运行（恒转矩区）时，应具有大转矩，以满足快速起动、加速、爬坡等工况的转矩要求；高速运行（恒功率区）时，应具有高转速、调速范围宽的特性，以满足电动汽车在平坦路面高速行驶、超车等工况下的要求。

2）高效率：在整个转矩/转速运行范围内，电动汽车频繁起停，工作区域宽，因此要求驱动系统有尽可能宽的高效工作区域，以谋求蓄电池一次充电后的续航里程尽可能长。

3）响应快：转矩控制灵活且响应快，可适应路面变化及频繁起动和制动。

4）电动机及其控制器结构坚固，能抗颠簸振动，体积小，质量小，有一定过载能力，再生制动时能量回收效率高，性能稳定，在不同工况下能稳定可靠地工作。

5）操作系统符合驾驶习惯，运行平稳，乘坐舒适，系统保障措施完善。

二、2018 款比亚迪 e5 电驱动系统概述

2018 款比亚迪 e5 整体结构与上电原理

1）比亚迪 e5 汽车为前置前驱方式，动力传递路径：①动力电池↔②高压配电箱（高压电控总成内)↔③电机控制器（高压电控总成内）↔④前置电动机↔⑤前置变速器↔⑥前置传动轴↔⑦传动轮。其中，①~④为电气部件，⑤~⑦为机械部件。

2）比亚迪 e5 电机控制器在整个汽车动力网中的位置和连接关系如图 3-1 所示。

3）比亚迪 e5 驱动系统由驱动电机、高压配电设备、电机控制器、高低压线束和各项检测传感器等组成，其主要功能有怠速控制（爬行）、控制电动机正转（前进）、控制电动机反转（倒车）、能量回收（交流转换直流）、驻坡（防溜车）、车载充电、直流高低压转换、

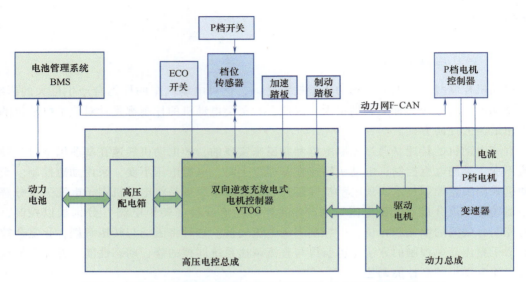

图 3-1 比亚迪 e5 电机控制器在整个汽车动力网中的位置和连接关系

快充高压电路控制、PTC 控制、高压电路熔断保护等。2018 款比亚迪 e5 驱动系统外观如图 3-2 所示,高压电控总成的位置如图 3-3 所示。

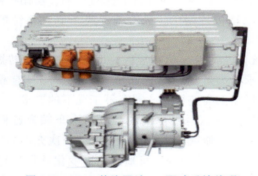

图 3-2 2018 款比亚迪 e5 驱动系统外观

图 3-3 2018 款比亚迪 e5 高压电控总成的位置

三、2018 款比亚迪 e5 高压电控总成的作用与组成结构

1. 高压电控总成的作用

高压电控总成又称"高压四合一",高压电控总成主要功能如下:

1)控制高压交/直流电双向逆变,驱动电机运转,实现充、放电功能(VTOG、车载充电器)。

2)实现高压直流电转化低压直流电为整车低压电器系统供电(DC/DC)。

3)实现整车高压回路配电功能以及高压漏电检测功能(高压配电箱与漏电传感器模块)。

4)另外还包括 CAN 通信、故障处理记录、在线 CAN 烧写以及自检等功能。

2. 高压电控总成的内部整体结构

2018 款比亚迪 e5 的高压电控总成主要由双向交流逆变式电机控制器(VTOG)、高压配电箱、车载充电机(OBC)、DC/DC 变换器组成。其中 VTOG、高压配电箱、DC/DC 变换器在高压电控总成的上层,而车载充电机在高压电控总成的底部。2018 款比亚迪 e5 高压电控总成的内部结构如图 3-4 所示。

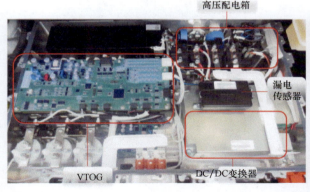

图 3-4 2018 款比亚迪 e5 高压电控总成的内部结构

3. 高压电控总成外部连接结构

高压电控总成外部正面的连接器主要由交流充电高压插接器、直流充电高压插接器、三相交流电插接器以及出液管组成(图 3-5),其中 2018 款比亚迪 e5 的交流充电方式取消原来的三相交流充电(380V),只用单相交流充电(220V)。

高压电控总成外部左侧的连接器主要有 64pin 低压接收信号插接器和进液管(图 3-6)。

高压电控总成外部右侧的连接器主要有 DC/DC 变换器的低压输出插接器、蓄电池加热装置熔断器和空调熔断器(图 3-7)。

高压电控总成外部后面的连接器主要有 33pin 低压信号插接器、蓄电池包正负极母线、压缩机高压插接器、空调加热器高压插接器以及蓄电池加热器高压插接器(图 3-8)。2018 款比亚迪 e5 采用双 PTC,一个是空调加热器,一个是蓄电池加热器。

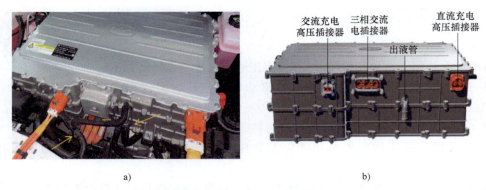

图 3-5　高压电控总成外部正面的连接器

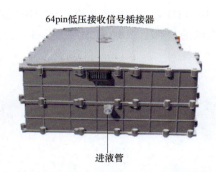

图 3-6　高压电控总成外部左侧的连接器

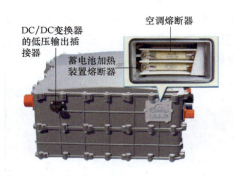

图 3-7　高压电控总成外部右侧的连接器

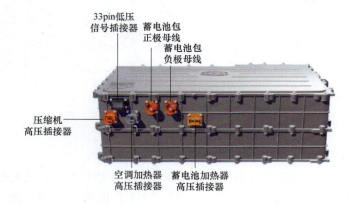

图 3-8　高压电控总成外部后面的连接器

四、2018 款比亚迪 e5 配电箱结构

2018 款比亚迪 e5 的配电箱（图 3-9）主要由两个霍尔式传感器（一个检测正极电流、一个检测负极电流）、被动泄放电阻、主接触器、直流充电正极接触器、直流充电负极接触器、预充接触器、预充电阻、直流烧结光耦传感器、漏电传感器、空调熔断器以及各配电连接线组

成。2018 款比亚迪 e5 的配电箱与 2017 款的不同之处，在于其取消了交流充电接触器，交流充电接触器则与主接触器共用，即通电的时候主接触器闭合，交流充电时主接触也闭合。

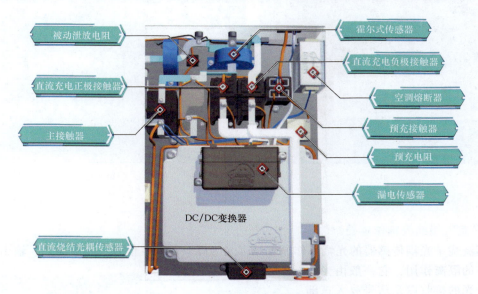

图 3-9 2018 款 e5 配电箱结构

1. 霍尔式传感器

霍尔式传感器（图 3-10）是一种检测装置，能感受到被测电流的信息，并能将检测感受到的信息，按一定规律变换成为符合一定标准需要的电信号或其他所需形式的信息输出，以满足信息的传输、处理、存储、显示、记录和控制等要求。

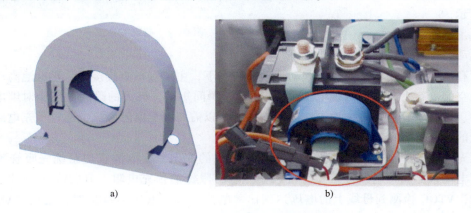

图 3-10 霍尔式传感器

2. 漏电传感器

漏电传感器含有 CAN 通信功能，主要用于监测与动力电池输出相连接的负母线与车身底盘之间的绝缘电阻，来判定高压系统是否存在漏电。漏电传感器将漏电数据信息通过 CAN 信号发送给蓄电池管理系统、VTOG，以采取相应保护措施。漏电传感器如图 3-11 所示。

新能源汽车驱动系统

a)　　　　　　　　　　　　　b)

图 3-11　漏电传感器

3. 直流烧结光耦传感器

直流烧结光耦传感器的光耦工作原理是以光为媒介传输电信号，它对输入、输出电信号有良好的隔离作用，它一般由光的发射、光的接收以及信号放大三部分组成。输入的电信号驱动发光二极管，使之发出一定波长的光，被光探测器接收而产生电流，再经过进一步放大后输出，完成电-光-电的转换。直流烧结光耦传感器如图3-12 所示。

图 3-12　直流烧结光耦传感器

4. 预充接触器与预充电阻

电动汽车的电机控制器等电路中都含有电容，电动汽车在冷态起动无预充情况下，主接触器直接接通，蓄电池高压将直接加载到空的电容上，电容两端电压为0，相当于瞬间短路，极大的瞬间电流会对继电器、整流器件、待充电容造成较大冲击，甚至损坏，所以需要预充电阻限流，通过预充电路先将母线之间的电容进行预充，以保证系统正常运行。

预充过程：起动车辆时，为缓解对高压系统的冲击，蓄电池管理系统先吸合预充接触器，蓄电池包的高压电经过与预充接触器并联的限流的预充电阻（100Ω）后加载到 VTOG 母线上，VTOG 检测到母线上的电压达到比蓄电池包额定电压小 60V 时，通过 CAN 通道向蓄电池管理器反馈一个预充满信号，蓄电池管理系统收到预充满信号后控制主接触器吸合，断开预充接触器。预充接触器与预充电阻如图 3-13 所示。

5. 被动泄放电阻

动力电池在断电后，为了安全，需要通过泄放电阻把电机控制器内电容的电量放掉。电机控制器、空调驱动控制器等内部含有高压电控的产品，在含有主动泄放模块的同时，设计有被动泄放电路，可在短时间内将高压电路直流母线电压泄放到 60V 以下，被作为主动泄放失效的二重保护。被动泄放电阻如图 3-14 所示。

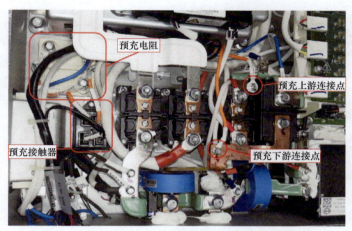

图 3-13 预充接触器与预充电阻

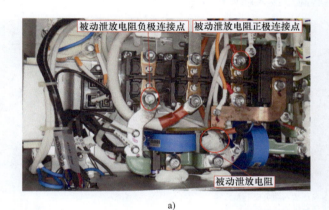
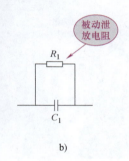

a)   b)

图 3-14 被动泄放电阻

泄放电阻电路基本形态是一个电容器两端并联一个阻值比较大的电阻器，图 3-14 中的电阻 R_1 就是泄放电阻。当电路通电后正常工作时，由于 R_1 的阻值远大于降压电容 C_1 的容抗，所以 R_1 相当于开路，在电路中不起作用。在电路断电后，C_1 中的残留电荷通过 R_1 所构成的电路放掉，达到泄放 C_1 残留电荷的目的。

6. 主动泄放模块

纯电动汽车电机控制器中一般都含有主动泄放电路，当检测到车辆发生较大碰撞、存在高压电漏电情况、插接件存在拔开状态时，可在 5s 内将高压电路直流母线电压泄放到 60V 以下，迅速释放危险电能，最大限度保证人员和车辆的安全。2018 款比亚迪 e5 的主动泄放模块安装在电机控制器的旁边（图 3-15）。

7. DC/DC 变换器高压接入端

DC/DC 变换器是一种在直流电路中将电压值变为另一电压值的装置，也就是把动力电池的高压电转变成 13.8V 电压给蓄电池充电和为全车用电器供电。DC/DC 变换电路的主要工作方式是脉宽（PWM）工作方式，其基本原理是通过功率开关管把直流电斩成方波（脉冲波），通过调节方波的占空比（脉冲宽度与脉冲周期之比）来改变电压。比亚迪 e5 的

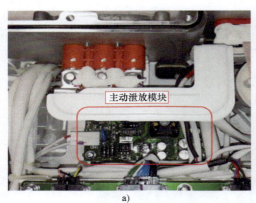 

图 3-15 主动泄放模块

DC/DC 变换器在上 OK 电或交流充电、直流充电的时候都会进入工作以便给蓄电池充电和为全车用电器供电。DC/DC 变换器高压接入端如图 3-16 所示。

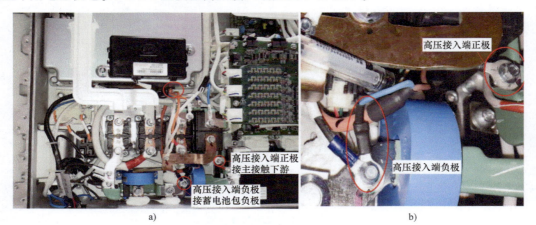

图 3-16 DC/DC 变换器高压接入端

8. 空调压缩机与 PTC 高压接入端（图 3-17）

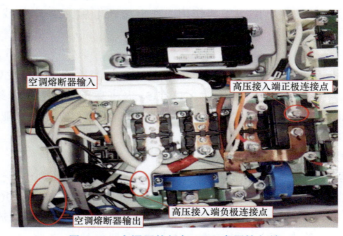

图 3-17 空调压缩机与 PTC 高压接入端

9. 直流充电高压分配端（图 3-18）

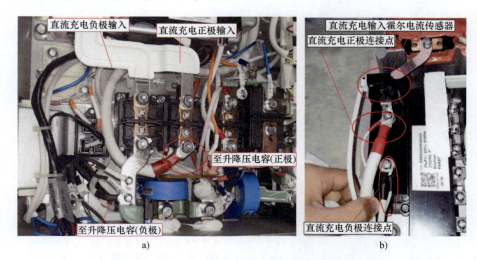

图 3-18　直流充电高压分配端

10. OBC 整流后的高压输入端（图 3-19）

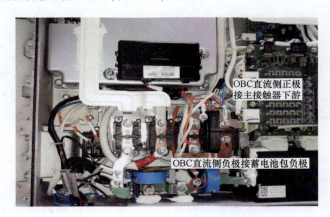

图 3-19　OBC 整流后的高压输入端

五、预充电容

预充电容是新能源汽车高压上电过程中预充环节里重要的零部件，该电容与动力电池包并联，作为补充电源，可在瞬间高负载情况下，提供大电流，提高高压电输出的能力；另一方面它也具有滤波的作用，稳定电压的输出（充电时电压可能存在波动现象）。2018 款比亚迪 e5 预充电容如图 3-20 所示。

六、IGBT 模块高压输入端

直流高压从蓄电池包过来进入到预充电容滤波稳定后再分别给 U、V、W 三相的 IGBT 模块输入，预充电容与 IGBT 模块的连接点如图 3-21 所示。

图 3-20　2018 款比亚迪 e5 预充电容

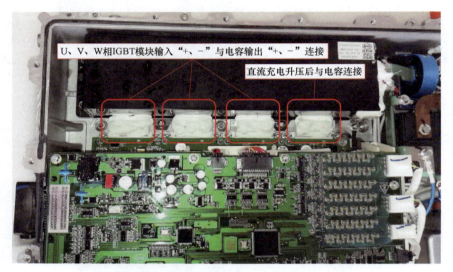

图 3-21　预充电容与 IGBT 模块的连接点

七、2018 款比亚迪 e5 的 IGBT 功率驱动板

IGBT 功率驱动板将单片机脉冲输出的功率进行放大，以达到驱动 IGBT 功率器件的目的。在保证 IGBT 器件可靠、稳定、安全工作的方面，IGBT 功率驱动电路起到至关重要的作用。IGBT 功率驱动板把控制器输出的电平信号，变换成能够可靠驱动 IGBT 的信号，它还有一些隔离、保护的作用。图 3-22 所示为 2018 款比亚迪 e5 的 IGBT 功率驱动板的正面结构与背面结构，图 3-22a 为正面结构，图 3-22b 为背面结构，图 3-22a 中左边三个"+、-"为底层 IGBT 模块的直流高压的"+、-"输入，连接着预充电容，图 3-22a 中右边为三相"U、V、W"输出，连接驱动电机三相输出接触器。2018 款比亚迪 e5 的 IGBT 功率驱动板的下层为 IGBT 模块，两者紧贴在一起安装，其上层通过架子安装着电机控制器主控板。

八、2018 款比亚迪 e5 的 IGBT 模块

IGBT 模块是由绝缘栅双极晶体管（IGBT）与续流二极管（FWD）通过特定的电路桥接封装而成的模块化半导体产品；封装后的 IGBT 模块直接应用于变频器、不间断电源（UPS）等设备上；IGBT 模块具有节能、安装维修方便、散热稳定等特点。图 3-23 所示为 2018 款

a)　　　　　　　　　　　　　b)

图 3-22　IGBT 功率驱动板的正面结构与背面结构

比亚迪 e5 的 IGBT 模块的正面与背面结构，其正面紧贴着 IGBT 功率驱动板，背面紧贴在铝制散热板上。一共有三大块 IGBT 模块，每一大块 IGBT 模块负责一相的转换。

a)　　　　　　　　　　　　　b)

图 3-23　2018 款比亚迪 e5 的 IGBT 模块的正面与背面结构

每个 IGBT 模块都集成了多个 IGBT 和多个 FWD，IGBT 模块上的电路图与标示如图 3-24 所示。

九、2018 款比亚迪 e5 电机控制器

2018 款比亚迪 e5 的电机控制器又名双向逆变充放电式电机控制器（VTOG），其主要功能如下：

1）驱动控制（放电）方面：具有采集加速、制动、档位、旋变等信息控制电动机正、

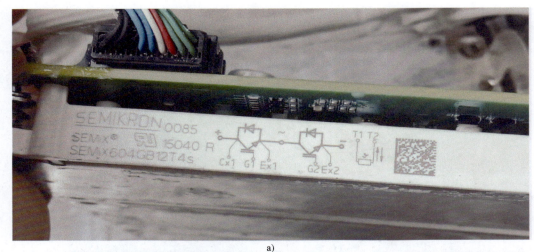

a)

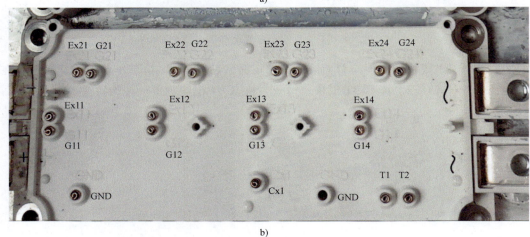

b)

图 3-24 IGBT 模块上的电路图与标示

反向驱动，正、反转发电功能；具有高压输出电压和电流限制功能；具有防止电压跌落、过电流保护、过温保护、IPM 过温保护、IGBT 过温保护、功率限制、转矩限制等功能；同时具有电控系统防盗、能量回馈控制、主动泄放、被动泄放控制功能。

2）充电控制方面：具有交、直流转换，双向充、放电控制功能；能自动识别单相、三相相序并根据充电电流控制充电方式，根据充电设备识别充电功率，控制充电方式；能根据车辆或其他设备请求信号控制车辆对外放电；具有断电重启功能；在电网断电，又供电的时候，可继续充电。

2018 款比亚迪 e5 的电机控制器如图 3-25 所示。

2018 款比亚迪 e5 的电机控制器低压 64pin 插接器（图 3-26）主要由加速踏板传感器线束、制动深度传感器线束、电机旋转变压器线束、电机温度传感器线束、电机控制器低压供电线束以及动力网通信线束组成。其引脚号与定义见表 3-1。

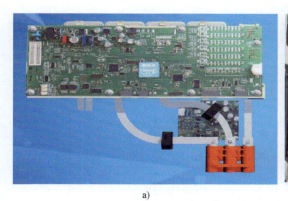

a)　　　　　　　　　　　　　　　　b)

图 3-25　2018 款比亚迪 e5 的电机控制器

a)　　　　　　　　　　　　　　　　b)

图 3-26　2018 款比亚迪 e5 的电机控制器低压 64pin 插接器

表 3-1　2018 款比亚迪 e5 的电机控制器低压 64pin 插接器引脚号与定义

引脚号	名称	定义	线束接法/对端	电源性质及电压标准值	备注
1	+12V0	外部提供 ON 档电源	接 IG3 电	IG3 双路电	
2	+12V1	外部提供常火电	常电	常电	
4	+12V0	外部提供 ON 档电源	接 IG3 电	IG3 双路电	
6	GND	加速深度屏蔽搭铁	车身搭铁		
7	GND	外部电源	车身搭铁		
8	GND	外部电源	车身搭铁		
15	STATOR-T-IN	电机绕组温度	电机 B31-3		
17	DC-BRAKE1	制动深度 1	制动踏板 BG28-1		
18	DC-GAIN2	加速深度 2	加速踏板 BG44-1		
26	GND	动力网 CAN 信号屏蔽搭铁	车身搭铁		
29	GND	电机模拟温度搭铁	电机 B31-6		
31	DC-BRAKE2	制动深度 2	制动踏板 B28-8		
32	DC-GAIN1	加速深度 1	加速踏板 BG44-4		
33	DIG-YL1-OUT	预留开关输出 1	空		

(续)

引脚号	名称	定义	线束接法/对端	电源性质及电压标准值	备注
34	DIG-YL2-OUT	预留开关输出2	空		
35	IN-HAND-BRAKE	驻车制动信号	预留		
37	GND	制动深度屏蔽搭铁	车身搭铁		
38	+5V	制动深度电源1	制动踏板 BG28-2		
39	+5V	加速踏板深度电源2	加速踏板 BG44-2		
40	+5V	加速踏板深度电源1	加速踏板 BG44-3		
41	+5V	制动深度电源2	制动踏板 BG28-7		
43	SWITCH-YL1	预留开关量输入1	空		
45	GND	旋变屏蔽搭铁	电机		
49	CAN-H	动力网 CAN-H	动力网 CAN-H		
50	CAN-L	动力网 CAN-L	动力网 CAN-L		
51	GND	制动踏板深度电源地1	制动踏板 BG28-2		
52	GND	加速踏板深度电源地2	加速踏板 BG44-6		
54	GND	加速踏板深度电源地1	加速踏板 BG44-5		
55	GND	制动深度电源地2	制动踏板 BG28-9		
56	SWITCH-YL2	预留开关量输入2	空		
57	IN-FEET-BRAKE	制动信号	制动开关 MIICU-W14B2H-20		
59	EXCOUT	励磁-	电机 B30-4		
60	EXCOUT	励磁+	电机 B30-1		
61	COS+	余弦+	电机 B30-3		
62	COS-	余弦-	电机 B30-6		
63	SIN+	正弦+	电机 B30-2		
64	SIN-	正弦-	电机 B30-5		

十、高压电控总成底部结构

高压电控总成底部主要由车载充电机（图3-27中已拆下）、OBC高压交流输入插接器、OBC高压直流输出插接器、OBC低压插接器、直流充电升降系统电容、VTOG充电交流侧预充电容、VTOG充电预充控制板、单相/三相充电切换接触器、交流充电输入口、三相交流充电升压电感、滤波器等组成，如图3-27所示。

十一、驱动电机U、V、W接触器

通过IGBT模块换相后的三相电经三相升降压电感后到驱动电机U、V、W接触器（图3-28），再从这三个接触器连接到驱动电机的三相高压插接器。

图 3-27 高压电控总成底部结构

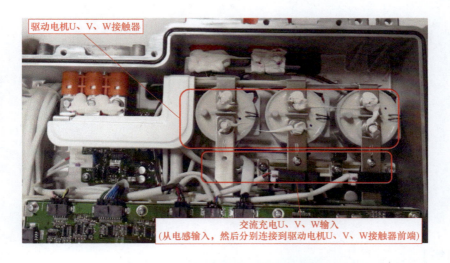

图 3-28 驱动电机 U、V、W 接触器

十二、电流感应器

电流感应器（图 3-29）是通过测量置于电流路径上的电阻上的电压降来监视电流的电路（尽管存在着其他技术，例如磁相关技术，但这里的讨论仅限于并联电阻电流测量）。电流传感器输出一个与通过测量路径的电流成比例的电压或电流。

图 3-29　电流感应器

十三、驱动系统的冷却系统

驱动系统的冷却系统（图 3-30）由膨胀水箱、电动水泵、散热器、冷却风扇及冷却液管等组成。

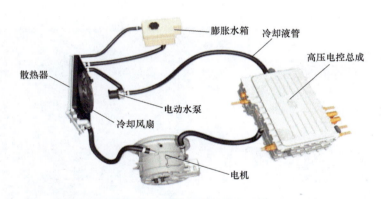

图 3-30　驱动系统的冷却系统

2018 款比亚迪 e5 驱动系统的冷却系统

【技能训练】

一、检查与维护电机控制器

（1）电机控制器外观检查

① 检查驱动电机表面是否有污垢。

② 检查电机控制器冷却液管（图 3-31）、接头处有无裂纹、有无渗透。

③ 目测电机控制器外观（图 3-32）有无磕碰、变形或损坏，插接器是否松动，并使用压缩空气或干布对电机控制器的外观进行清洁。

图 3-31　电机控制器冷却液管

图 3-32　电机控制器外观

（2）检查电机控制器端子电压及插接器

① 检查电机控制器高压插接器（图 3-33）是否连接到位，是否有退针现象，或是否存在过电压烧灼的情况。

② 检查电机控制器低压插接器（图 3-34）是否连接到位，是否有退针现象，或是否存在过电压烧灼的情况。

图 3-33　电机控制器高压插接器

图 3-34　电机控制器低压插接器

二、检查双路电继电器低压电路

2018 款比亚迪 e5 车辆低压供电电路中，双路电电路起到了很关键的配电作用，它通过 KG-1（IG3 继电器）控制了 F2/32、F2/33、F2/34 三个主要控制模块的工作电源，涉及电机控制器、蓄电池管理系统、DC/DC 变换器、高压配电模块、主控制器、电动水泵、冷却风扇等关键部件。所以在检查低压系统时应注重检测它的继电器和熔丝的完整性，IG3 双路电电路如图 3-35 所示。

三、检查电机控制器高压电缆绝缘性

车辆在充电或行驶中若有动力电池绝缘故障，则在检测其他高压系统绝缘电阻正常情况

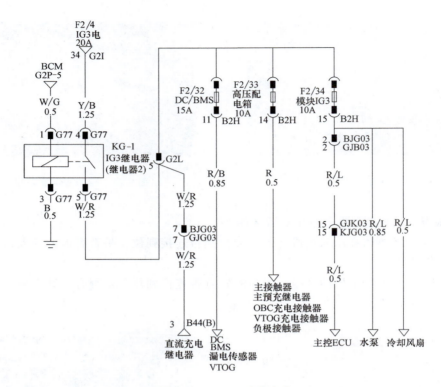

图 3-35　IG3 双路电电路

下,需检查电机控制器和连接电机控制器的高压线缆绝缘电阻值是否正常,用绝缘电阻表黑表笔搭铁,红表笔逐个测量电机控制器上的高压端子和高压线缆端子的绝缘电阻值,按下测试按钮,显示的数值即为绝缘电阻值。电机控制器的搭铁绝缘电阻值应大于 100MΩ。

四、检测加速踏板深度传感器

加速踏板深度传感器的作用是控制车辆的加速度,使其能够按驾驶人的意愿行驶,它通过传感器的线性电阻电压信号来向电机控制器反馈加速踏板的开闭位置,让电机控制器利用内部电路进行计算并控制三相交流电的输出大小,从而使驱动电机的转速按要求输出功率。它安装在驾驶室内(图 3-36)与制动踏板相近的位置。

日常的检查维护工作就是保证它产生的反馈电压信号能够正常输出到电机控制器中,并保持踏板很高的灵敏度,不出现操纵卡滞、无信号输出等故障现象。通过其电路原理图(图 3-37)可观察它的 BG44 插接器(图 3-38)上的电源控制与信号线都是直接连接到了电机控制器 B28A 插接器上,这在维修工作中就简单多了,可通过专用诊断仪器设备进行实时数据与故障读取来判断它的性能状况(图 3-39)。它出现故障时,电机控制器会瞬间启用应急机制,将加速踏板深度信号锁定在加速踏板采样值的预设数值上,以保证车辆能够行驶到安全位置等候救援。通过诊断仪器能直接读取故障码和实时数据(加速位置的开闭百分比),并结合数字万用表检测的传感器的线性电阻与输出电压排除故障。

图 3-36 加速踏板深度传感器位置

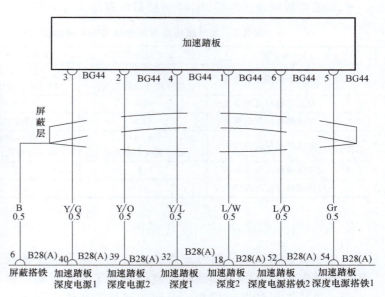

图 3-37 加速踏板深度传感器电路原理图

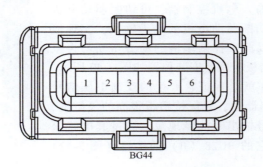

图 3-38 BG44 插接器

图 3-39 加速踏板深度实时数据

加速踏板深度传感器 BG44 插接器针脚定义与工作状况参数见表 3-2。

表 3-2　加速踏板深度传感器 BG44 插接器针脚定义与工作状况参数

序号	端子定义	正常电压值/V	正常电阻值/kΩ	测试条件
1	加速踏板深度信号 2	0.4~2.1（随开度变化而变化）	860~1385（随开度变化而变化）	接加速踏板深度电源搭铁 2
2	加速踏板深度电源 2	约 5	无穷大	接加速踏板深度电源搭铁 2
3	加速踏板深度电源 1	约 5	无穷大	接加速踏板深度电源搭铁 1
4	加速踏板深度信号 1	0.8~4.2（随开度变化而变化）	890~1530（随开度变化而变化）	接加速踏板深度电源搭铁 1
5	加速踏板深度电源搭铁 1	<1	0	接车身搭铁
6	加速踏板深度电源搭铁 2	<1	0	接车身搭铁

五、检测制动踏板深度传感器

电机控制器系统的信号反馈传感器中，除了加速踏板深度传感器外，就是制动踏板深度传感器了，它们是控制着驱动电机工况的关键信号，而制动踏板深度传感器还是再生制动能量回馈系统的重要信号来源。通过线性电阻电压信号与制动开关信号输入电机控制器，可切断驱动电机的三相交流电输入从而切断驱动电机的动力输出，实现他励与自励的工况切换，以此来控制车辆的动力切断与再生制动能量的回收，制动踏板传感器安装位置如图 3-40 所示。

日常的检查维护工作就是保证它产生的反馈电压信号能够正常输出到电机控制器中，并保持踏板很高的灵敏度，不出现操纵卡滞、无信号输出等故障现象。通过其电路原理图（图 3-41）可观察它的 BG28（B）插接器（图 3-42）

图 3-40　制动踏板深度传感器安装位置

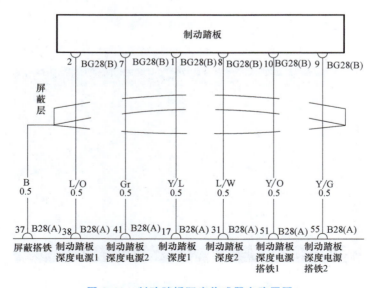

图 3-41　制动踏板深度传感器电路原图

上的电源控制与信号线都是直接连接到了电机控制器 B28A 插接器上，它出现故障时，电机控制器可启用安全应急机制，以保证车辆能够行驶到安全的位置。

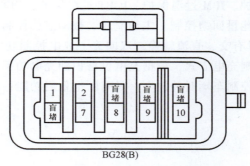

图 3-42　BG28（B）插接器

制动踏板深度传感器 BG28（B）插接器针脚定义与工作状况参数见表 3-3。

表 3-3　制动踏板深度传感器 BG28（B）插接器针脚定义与工作状况参数

端子号	端子定义	正常电压值/V	正常电阻值/kΩ	测试条件
1	制动踏板深度信号 1	0.8~1.8（随开度变化而变化）	2.69~3.55（随开度变化而变化）	接制动踏板深度电源搭铁 1
2	制动踏板深度电源 1	约 5	无穷大	接制动踏板深度电源搭铁 1
7	制动踏板深度电源 2	约 5	无穷大	接制动踏板深度电源搭铁 2
8	加速踏板深度信号 2	4.2~3.2（随开度变化而变化）	3.52~2.87（随开度变化而变化）	接制动踏板深度电源搭铁 2
9	加速踏板深度电源搭铁 2	<1	0	接车身搭铁
10	加速踏板深度电源搭铁 1	<1	0	接车身搭铁

【任务总结】

1. 2018 款比亚迪 e5 的高压电控总成主要由双向交流逆变式电机控制器（VTOG）、高压配电箱、车载充电机（OBC）、DC/DC 变换器组成。

2. 2018 款比亚迪 e5 的配电箱主要由两个霍尔式传感器（一个检测正极电流、一个检测负极电流）、被动泄放电阻、主接触器、直流充电正极接触器、直流充电负极接触器、预充接触器、预充电阻、直流烧结光耦传感器、漏电传感器、空调熔断器以及各配电连接线组成。

3. 漏电传感器含有 CAN 通信功能，主要用于监测与动力电池输出相连接的负母线与车身底盘之间的绝缘电阻，来判定高压系统是否存在漏电。漏电传感器将漏电数据信息通过 CAN 信号发送给蓄电池管理系统、VTOG，以采取相应保护措施。

4. 纯电动汽车电机控制器中一般都含有主动泄放电路，当检测到车辆发生较大碰撞、存在高压电漏电情况、插接件存在拔开状态时，可在 5s 内将高压电路直流母线电压泄放到 60V 以下，迅速释放危险电能，最大限度保证人员和车辆的安全。

5. 2018 款比亚迪 e5 的电机控制器又名双向交流逆变式电机控制器（VTOG），其主要功能如下：

1）驱动控制（放电）方面：具有采集加速踏板、制动、档位、旋变等信息控制电机正、反向驱动，正、反转发电功能；具有高压输出电压和电流限制功能；具有防止电压跌落、过电流保护、过温保护、IPM 过温保护、IGBT 过温保护、功率限制、转矩限制等功能；同时具有电控系统防盗、能量回馈控制、主动泄放、被动泄放控制功能。

2）充电控制方面：具有交、直流转换，双向充、放电控制功能；能自动识别单相、三相相序并根据充电电流控制充电方式，根据充电设备识别充电功率，控制充电方式；能根据车辆或其他设备请求信号控制车辆对外放电；具有断电重启功能；在电网断电，又供电的时候，可继续充电。

【实训工单】

实训工单 1　电机控制器的维护

车型	比亚迪电动汽车	工具	比亚迪 VDS1000 诊断仪、数字万用表、绝缘工具
时间	90min		

具体实施如下：

一、任务导入

电动汽车维护相对于传统汽车较为简单，但仍需要定期进行，排除安全隐患，确保电动汽车工作在良好的状态下。电机控制器等高压部件要定期检查，以确保其工作可靠。新能源汽车专业方向的你，知道如何制订电机控制器的维护计划吗？

二、知识要点

1. 电机控制器将动力电池的_____转换为驱动电机的_____，使驱动电机产生转矩，并通过传动装置将驱动电机的旋转运动传递给车轮。

2. 电机控制器是负责控制驱动电机按照设定的_____、_____、_____、响应时间进行工作的_____。

3. 电机控制器将_____供给直流电电能，逆变成_____给汽车_____提供电源，以实现起动运行、进退速度、爬坡力度等行驶状态，或者帮助电动车辆制动。

4. 电机控制器主要是将输入的_____逆变成电压、频率可调的_____，供给配套的三相交流永磁同步电动机使用。

5. 简述电机控制器的作用。
_____
_____
_____

6. 简述电机控制器高压插接器维护内容。
_____
_____

三、任务计划
1. 制订计划
根据电动汽车维护作业对电机控制器的要求，制订电机控制器的维护作业计划。

制订电动汽车电机控制器作业计划

序号	作业项目	操作要点
1	电机控制器外观维护	
2	电机控制器冷却液管维护	
3	电机控制器高压插接器维护	
4	电机控制器高压电缆绝缘维护	

审核意见：

2. 根据任务计划完成小组分工

主要操作人		记录人员	
协助操作人		审核人员	

仪器、设备、工具、材料

序号	名称	数量	是否清点	
1			是□	否□
2			是□	否□
3			是□	否□
4			是□	否□
5			是□	否□
6			是□	否□
7			是□	否□
8			是□	否□
9			是□	否□
10			是□	否□

四、任务实施
1. 电机控制器外观维护项目

	电机控制器表面是否有油渍	是□	否□
	电机控制器是否有磕碰、损坏	是□	否□
	电机控制器外部灰尘是否清除	是□	否□

2. 电机控制器插接器维护项目

	电机控制器低压插接器是否连接到位，是否有退针现象，或是否存在过电压烧灼的情况	是☐	否☐
	电机控制器低压插接器是否有裂纹	是☐	否☐

3. 电机控制器高压电缆绝缘性维护项目

在检测其他高压系统绝缘电阻值正常的情况下，需检查电机控制器和连接电机控制器的高压线缆绝缘电阻值是否正常	是☐	否☐
用绝缘电阻表黑表笔搭铁，红表笔逐个测量电机控制器上的高压端子和高压线缆端子的绝缘电阻值，按下测试按钮，显示的数值即为绝缘电阻值。电机控制器的搭铁绝缘值是否大于100MΩ	是☐	否☐

4. 电机控制器冷却液管维护项目

	电机控制器冷却液管、接头处有无裂纹、有无渗漏	是☐	否☐
	电机控制器冷却液管接口是否松动	是☐	否☐

五、任务检查

实训指导老师检查作业结果，并结合实训情况给出改进措施及建议。

序号	评价点	结果
1	是否规范地完成了电机控制器外观维护项目	
2	是否规范地完成了电机控制器插接器维护项目	
3	是否规范地完成了电机控制器高压电缆绝缘性维护项目	
4	是否规范地完成了电机控制器冷却液管维护项目	
意见和建议		
综合评价		

六、任务评价

结合自己在实训过程中的表现，进行自我评价及自我反思。

1) 自我评价：

_____

_____

2) 自我反思：

_____

_____

_____

实训工单 2　电机控制器低压电路的检测

车型	比亚迪电动汽车	工具	比亚迪 VDS1000 诊断仪、数字万用表、绝缘工具
时间	45min		

具体实施如下：

一、任务导入

驱动电机的控制程序较为复杂，因此对于电机控制器的要求很高，它除了需要高压外还需要低压电路来提供相应的工作电压，以确保电动汽车工作在良好的状态下。所以除了要定期检查，确保其工作可靠外，还要熟悉它的故障现象以方便排除故障的检测作业。新能源汽车专业方向的你，知道如何制订电机控制器的低压排除故障的检测计划吗？

二、知识要点

1. 控制策略方面，永磁同步电动机可以采用矢量控制（磁场定向控制）或直接转矩控制等先进控制策略。采用_____的策略，可通过"三闭环"即电流闭环、_____闭环和转速闭环对电动机进行控制。

2. AC/DC 功率变换器（模块）的作用就是将_____（如 220V、110V）转换成电子设备需要的稳定直流电压，电动汽车中 AC/DC 功率变换器的功能主要是将_____发出的交流电转换成直流电提供给_____或储能设备储存。

3. 双路电电路是由_____输出至_____、蓄电池管理系统、_____、主控 ECU 等部件，主要提供_____电压给各部件。

4. 当_____断开后，车辆无法工作，并且起动开关指示灯会亮起橙灯，过一段时间冷却风扇_____运转，组合仪表会提示"请检查动力系统""请及时充电"等。

5. 在电动汽车中，低压通常指的是_____的电气电路，而高压主要指的是_____的电压。高压系统的电压一般都在_____。

6. 在车辆下电后需要等候_____时间，才能进行高压维修开关的拆卸及高压部件的检查和测量。

7. 简述专用诊断仪器 VDS 是如何与车辆连接通信的。
_____
_____
_____

8. 简述双路电电路的作用。
_____
_____
_____

三、任务计划

1. 制订计划

根据电动汽车出现的双路电故障现象，制订出故障诊断排除作业计划。

制订双路电故障诊断排除作业计划

序号	作业项目	操作要点
1	连接诊断仪器 VDS 建立通信	
2	检测 DC/DC 变换器的转换电压值	
3	检测电机控制器插接器双路电电源电压	
4	检测蓄电池管理系统双路电电源电压	
5	检测双路电继电器与熔丝的完整性	

审核意见：

2. 根据任务计划完成小组分工

主要操作人		记录人员	
协助操作人		审核人员	

仪器、设备、工具、材料			
序号	名称	数量	是否清点
1			是□ 否□
2			是□ 否□
3			是□ 否□
4			是□ 否□
5			是□ 否□
6			是□ 否□
7			是□ 否□
8			是□ 否□
9			是□ 否□
10			是□ 否□

四、任务实施

1. 连接诊断仪器 VDS 建立通信

诊断仪器 VDS 是否与车辆建立通信	是□	否□
是否能进行故障扫描，并提示故障码	是□	否□

2. 检测 DC/DC 变换器的转换电压值

观察辅助低压蓄电池正负极柱是否连接完整，无松动、脱落	是□	否□
能运用数字万用表进行辅助低压蓄电池电压测量，结果是否在正常值范围	是□	否□

3. 检测电机控制器插接器双路电电源电压

检测电机控制器插接器 B28(A) 中双路电针脚是否有工作电压 12V，是否有退针、过压烧蚀	是□	否□
检测电机控制器插接器 B28(A) 中 IG 供电针脚是否有工作电压 12V，是否有退针、过压烧蚀	是□	否□
检测电机控制器插接器 B28(A) 中搭铁针脚是否与车身搭铁导通，是否有退针、过压烧蚀	是□	否□

4. 检测蓄电池管理系统双路电电源电压

检测电机控制器插接器 BK45(B) 中双路电针脚是否有工作电压 12V，是否有退针、过压烧蚀	是□	否□
检测电机控制器插接器 BK45(B) 中搭铁针脚是否与车身搭铁导通，是否有退针、过压烧蚀	是□	否□

5. 检测双路电继电器与熔丝的完整性

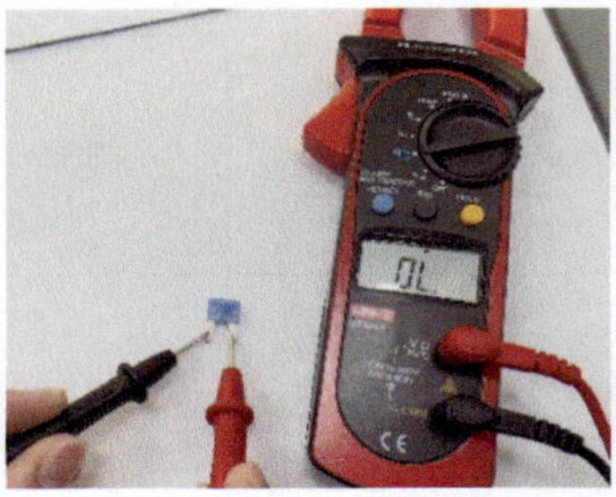 检测双路电 KG-1 继电器是否完好,线圈阻值、触点是否正常	是□	否□
检测双路电 F2-32 熔丝是否完好,熔丝是否烧断	是□	否□

五、任务检查

实训指导老师检查作业结果,并结合实训情况给出改进措施及建议。

序号	评价点	结果
1	是否规范地完成了运用诊断仪器读取故障码	
2	是否规范地完成了DC/DC 变换器工作状况检测	
3	是否规范地完成了双路电电路的连接和导通检测	
4	是否规范地完成了蓄电池管理系统的工作电压测量	
5	是否规范地完成了双路电继电器与熔丝的完整性检测	
意见和建议		
综合评价		

六、任务评价

结合自己在实训过程中的表现,进行自我评价及自我反思。

1) 自我评价:

2) 自我反思:

实训工单 3　加速踏板深度传感器故障的检测

车型	比亚迪电动汽车	工具	比亚迪 VDS1000 诊断仪、数字万用表、绝缘工具
时间	45min		

具体实施如下：

一、任务导入

影响电机控制器工作性能的因素有多种，因此我们要熟悉它的故障现象。现在我们来学习一下因加速踏板深度传感器故障而出现的故障现象。新能源汽车专业方向的你，知道如何制订加速踏板深度传感器排除故障检测计划吗？

二、知识要点

1. 电机控制器接收的控制信号有_____和_____，它们主要向电机控制器反馈的是_____和_____信号。

2. 加速踏板深度传感器的安装位置在_____，靠近制动踏板旁边，是属于_____类型的传感器。

3. 电机控制器向加速踏板深度传感器输入_____电压，由驾驶人控制踏板形成输出_____反馈给电机控制器。

4. 当加速踏板深度传感器本身或电路出现故障时，电机控制器会_____启用应急驾驶模式，使车辆能够安全到达维修点。

5. 简述加速踏板深度传感器的作用。
_____
_____
_____

三、任务计划

1. 制订计划

根据电动汽车出现的双路电故障现象，制订出故障诊断排除作业计划。

制订双路电故障诊断排除作业计划

序号	作业项目	操作要点
1	连接诊断仪器 VDS 建立通信，读取故障码	
2	检测加速踏板深度传感器工作电压值	
3	检测加速踏板深度传感器输出信号电压值	
4	检测加速踏板深度传感器的工作电阻值	
审核意见：		

2. 根据任务计划完成小组分工

主要操作人		记录人员	
协助操作人		审核人员	

仪器、设备、工具、材料			
序号	名称	数量	是否清点	
1			是□	否□
2			是□	否□
3			是□	否□
4			是□	否□
5			是□	否□
6			是□	否□
7			是□	否□
8			是□	否□
9			是□	否□
10			是□	否□

四、任务实施

1. 连接诊断仪器 VDS 建立通信，读取故障码

	诊断仪器 VDS 是否与车辆建立通信	是□	否□
	是否能进行故障扫描，并提示故障码与实时数据	是□	否□

2. 检测加速踏板深度传感器工作电压值

	检测电机控制器插接器 B28（A）中加速踏板深度电源 1、2 线针脚的工作电压是否在正常范围值内	是□	否□
	检测电机控制器插接器 B28（A）中加速踏板深度电源线针脚是否完整，无松动、脱落、断路现象	是□	否□

3. 检测加速踏板深度传感器输出信号电压值

	检测电机控制器插接器 B28（A）中加速踏板深度信号1、2线针脚的工作电压是否在正常范围值内	是□	否□
	检测电机控制器插接器 B28（A）中加速踏板深度电源线针脚是否完整，无松动、脱落、断路现象	是□	否□

4. 检测加速踏板深度传感器的电阻值

	检测加速踏板深度传感器 BG44 插接器深度信号1、2针脚的电阻值是否在正常范围值内	是□	否□
	检测加速踏板深度传感器本身插接器针脚是否有过压烧蚀现象	是□	否□

五、任务检查

实训指导老师检查作业结果，并结合实训情况给出改进措施及建议。

序号	评价点	结果
1	是否规范地完成了连接诊断仪器 VDS，读取故障码与实时数据	
2	是否规范地完成了检测加速踏板深度传感器工作电压值	
3	是否规范地完成了检测加速踏板深度传感器输出信号电压值	
4	是否规范地完成了检测加速踏板深度传感器的电阻值	
意见和建议		
综合评价		

六、任务评价

结合自己在实训过程中的表现，进行自我评价及自我反思。

1）自我评价：

2）自我反思：

任务 4　2018 款比亚迪 e5 永磁同步电动机总成的故障诊断与排除

任务导入

李先生购买了一辆 2018 款比亚迪 e5 纯电动汽车,他想去了解这款车的驱动电机的功率与性能,请你为李先生讲解一下 2018 款比亚迪 e5 驱动电机的相关知识。

任务目标

1. 熟悉比亚迪 e5 驱动电机的参数与铭牌。
2. 了解 2018 款比亚迪 e5 永磁同步电动机的结构。
3. 掌握 2018 款比亚迪 e5 永磁同步电动机的检测。
4. 掌握 2018 款比亚迪 e5 变速器的检测。
5. 熟悉永磁同步电动机的工作原理。
6. 能严格执行车间 7S 管理规范。

【任务知识】

一、2018 款比亚迪 e5 驱动电机参数与铭牌

驱动电机系统是纯电动汽车三大核心部件之一,是车辆行驶的主要执行机构,其特性决定了车辆的主要性能指标,直接影响车辆动力性、经济性和用户驾乘感受。比亚迪 e5 汽车采用永磁同步电动机作为其驱动电机。

1. 驱动电机参数

2018 款比亚迪 e5 纯电动汽车驱动电机主要参数见表 4-1。

表 4-1　2018 款比亚迪 e5 纯电动汽车驱动电机主要参数

序号	技术指标	技术参数
1	电动机类型	永磁同步
2	最大输出转矩	310N·m/(0~4929r/min)/30s
3	额定转矩	160N·m/(0~4775r/min)/持续
4	最大输出功率	160kW/(4929~12000r/min)/30s
5	最大输出转速	12000r/min
6	总成质量	65kg
7	防护等级	IP67

2. 驱动电机铭牌

驱动电机铭牌不但包含了电动机编号,还包含有电动机制造厂商、最大功率、最高转速、最大转矩、工作电压、绝缘等级、重量、防护等级等信息,电动机编号是识别电动机的重要信息。图 4-1 所示为 2018 款比亚迪 e5 驱动电机铭牌。

3. 电机编号

电机编号包含尺寸规格代号、电机类型代号、信号反馈单元代号、冷却形式代号、预留信息等，图 4-2 所示为电机编号示意图。

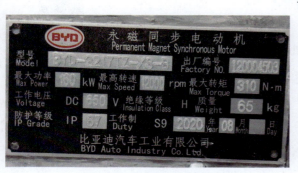

图 4-1　2018 款比亚迪 e5 驱动电机铭牌

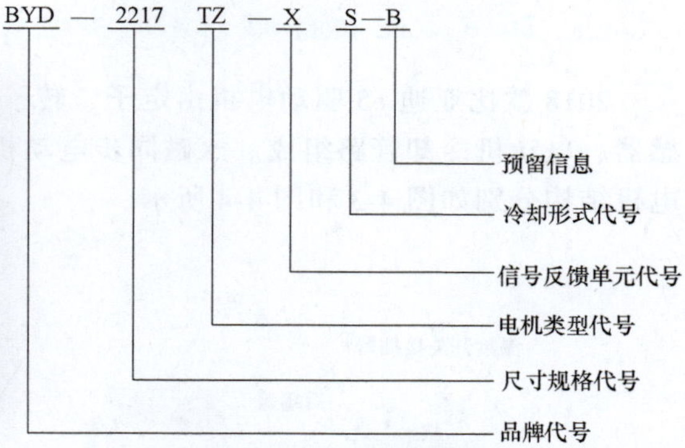

图 4-2　电机编号示意图

（1）品牌代号　品牌代号显示驱动电机生厂商信息。

（2）尺寸规格代号　尺寸规格代号一般采用定子铁心的外径来表示。

（3）电机类型代号

KC：开关磁阻电机。

TF：三相同步发电机。

TZ：磁滞式三相同步电动机。

YR：绕线转子三相异步电动机。

Y：三相异步电动机。

Z：直流电动机。

（4）信号反馈单元代号　信号反馈单元代号如下：

M：光电编码器。

X：旋转变压器。

H：霍尔元件。

W：无传感器。

（5）冷却形式代号　冷却形式代号如下：

S：水冷。

Y：油冷。

F：风冷。

（6）预留信息　预留信息一般由字母或数字组合，含义由厂家自行确定。

电动机最大输出功率是衡量电动汽车输出转矩能力的关键指标，一般各个电动汽车厂都会根据自身的技术水平设置一个最大工作电流，当外在负载较大时，电动汽车的工作电流达到最大值，输入功率也就达到最大值。

使机械元件转动的力矩称为转动力矩，简称转矩。电动机的最大转矩即电动机刚发动时的转矩。额定转矩是电动机在额定电压下工作的转矩。

转矩是各种工作机械传动轴的基本载荷形式，与动力机械的工作能力、能源消耗、效率、运转寿命及安全性能等因素紧密联系，转矩的测量对传动轴载荷的确定与控制、传动系统工作零件的强度设计以及原动机容量的选择等都具有重要的意义。

此外，转矩与功率的关系是 $T=9550P/n$。

二、2018 款比亚迪 e5 永磁同步电动机结构

2018 款比亚迪 e5 永磁同步电动机结构

2018 款比亚迪 e5 驱动电机由定子、转子、旋转变压器、电动机温度传感器、电动机冷却管路组成。永磁同步电动机结构分解图和比亚迪 e5 驱动电机结构分别如图 4-3 和图 4-4 所示。

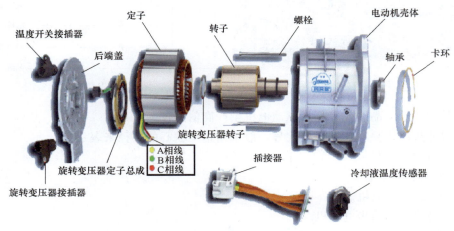

图 4-3　永磁同步电动机结构分解图

1. 定子

比亚迪 e5 驱动电机定子由铁心和定子绕组组成（图 4-5）。定子绕组有三组，按照一定的规律布置，安装在定子铁心上，三相绕组接收来自电机控制器输出的交流电，产生磁场。

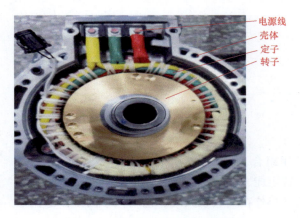

图 4-4　比亚迪 e5 驱动电机结构

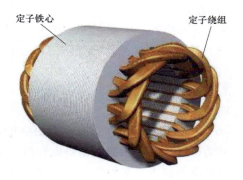

图 4-5　驱动电机定子结构图

2. 转子

永磁同步电动机转子（图 4-6）铁心上安装有永磁铁。

图 4-6　永磁同步电动机转子

在永磁同步电动机中，永磁铁的安装形式有多种，主要有贴片式（图 4-7）、嵌入式（图 4-8）等。

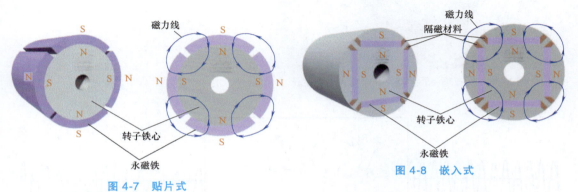

图 4-7　贴片式　　　　　　　　　　　图 4-8　嵌入式

3. 旋转变压器

旋转变压器用来检测驱动电机转子的位置和速度。旋转变压器输出信号经电机控制器解码后，可以获取电动机的转速、转向、速度等信息。

旋转变压器由转子和定子绕组组成。转子（图 4-9）安装在驱动电机转子轴上，随着驱动电机转子共同转动。

图 4-9　比亚迪 e5 驱动电机旋转变压器转子

旋转变压器定子绕组（图 4-10）固定在壳体上，含有三组绕组，分别是励磁绕组、正玄绕组和余弦绕组。

旋转变压器的工作原理近似于普通的变压器（图 4-11），当一次绕组输入一个信号，根据电磁感应原理，会在二次绕组产生一个输出信号。但与普通变压器不同的是，旋转变压器由于转子随着驱动电机转子轴在转动，一次绕组与二次绕组之间有着相对运动，所以二次绕组输出的电压幅值也会产生变化，旋转变压器输入、输出信号如图 4-12 所示。

图 4-10　比亚迪 e5 驱动电机旋转变压器定子

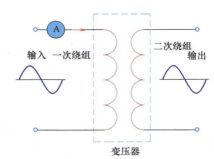

图 4-11　变压器原理

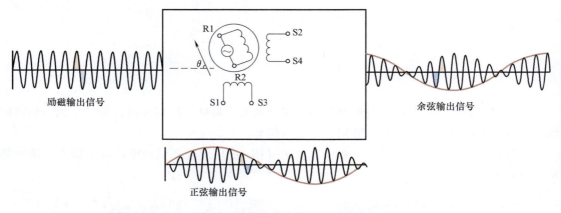

图 4-12　旋转变压器输入、输出信号

根据旋转变压器的工作原理，可将比亚迪 e5 旋转变压器绕组简化为图 4-13 的结构，当从励磁绕组输入励磁电流时，驱动电机转子带动旋转变压器转子旋转，会在正弦、余弦励磁绕组中输出信号，比亚迪 e5 励磁信号与正弦信号、励磁信号与余弦信号、正弦信号与余弦信号分别如图 4-14、图 4-15、图 4-16 所示。

4. 电动机温度传感器

比亚迪 e5 驱动电机定子绕组中埋设有温度传感器，温度传感器引出线束如图 4-17 所示。它用来监测驱动电机定子的温度，当驱动电机定子绕组温度过高时，冷却系统启动，给电动机降温。

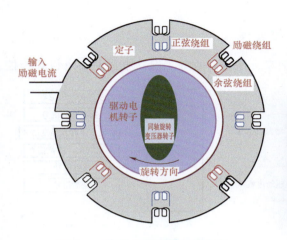

图 4-13 旋转变压器绕组示意图

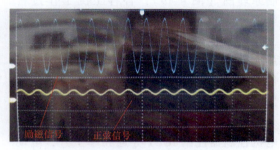

图 4-14 比亚迪 e5 励磁信号与正弦信号

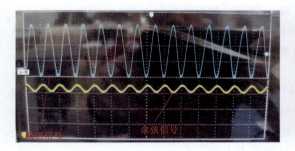

图 4-15 比亚迪 e5 励磁信号与余弦信号

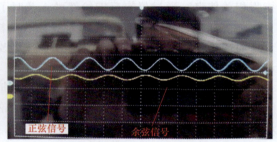

图 4-16 比亚迪 e5 正弦信号与余弦信号

5. 电动机冷却管路

由于驱动电机在工作时会产生热量,为了让驱动电机在合适的温度范围内工作,比亚迪 e5 驱动电机采用液冷式冷却系统,通过电动机外壳一进一出的冷却管路(图 4-18),将冷却液导入电动机壳体中的冷却液道,对电动机进行散热。

图 4-17 温度传感器引出线束

图 4-18 比亚迪 e5 冷却管路

三、2018 款比亚迪 e5 驱动电机的工作过程

比亚迪 e5 的行驶模式有 D 档行驶、R 档倒车、能量回收等工况。根据驱动电机系统控制原理图（图 4-19），各种工况工作过程如下。

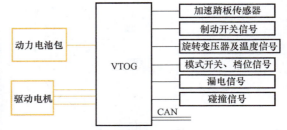

图 4-19　驱动电机系统控制原理图

（1）D 位行驶　驾驶人挂入 D 位并踩加速踏板时，档位与加速信息通过信号线传递给 VTOG。VTOG 参考旋转变压器传感器信息，向驱动电机通入三相交流电使其开始运作。随着加速踏板信号的不断增大，电机控制器控制 IGBT 导通频率上升，电动机的转矩随着电流的增大而增大。电机控制器始终保持恒定的电机输出功率。电动机在运行过程中，VTOG 控制器 CAN 网络传送和接收相关信息，通过仪表反馈给驾驶人及时了解车辆运行情况。

（2）R 位倒车　当驾驶人挂入 R 位，倒档信号通过信号线传递给 VTOG，此时 VTOG 结合当前转子位置信息，通过改变 IGBT 模块改变三相交流电中 W/V/U 三相电的通电顺序，进而控制电动机反转。

（3）能量回收　当驾驶人松开加速踏板时，VTOG 控制 IGBT 模块不向外输出电流，此时电动机在惯性的作用下仍在旋转，带动车轮转动。当电动机惯性下降，车轮的转速逐渐超过电动机，此时电动机转子被车轮带动旋转，电动机变为发电机。BMS 通过采集充电电流、电压以及蓄电池温度等参数计算出相应的允许最大充电电流。

VTOG 通过对 IGBT 模块的控制调整发电机最大发电电流，既保证了向动力电池充电的电流，也对车轮起到了辅助减速的作用。

四、2018 款比亚迪 e5 的变速器

2018 款比亚迪 e5 的变速器采用单档无级变速器，通过电动机的正转和反转使汽车前进和倒退，动力直接由电动机传给变速器，变速器将动力直接传给两个车轮，减少了动力损失，且具有结构简单、易于制作、生产成本低的优点。变速器实物如图 4-20 所示。

1. 变速器的结构

齿轮变速器主要由差速器、输入轴、输出轴组成，其结构如图 4-21 所示。

（1）差速器的结构　差速器主要由轴承座、前滚锥轴承、差速器壳和主减速器齿圈组成，其结构如图 4-22 所示。

（2）输入轴的结构　输入轴由花键、滚珠轴承和常啮合齿轮组成，其结构如图 4-23 所示。

图 4-20　变速器实物

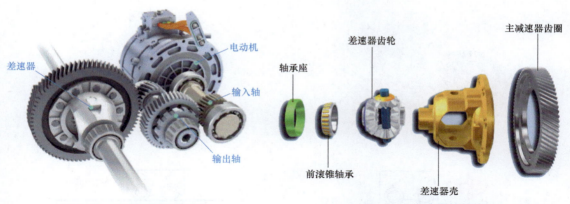

图 4-21 齿轮变速器的结构　　　　图 4-22 差速器的结构

（3）输出轴的结构　输出轴由滚锥轴承、输出轴小齿轮、输出轴大齿轮和锁止齿轮组成，其结构如图 4-24 所示。

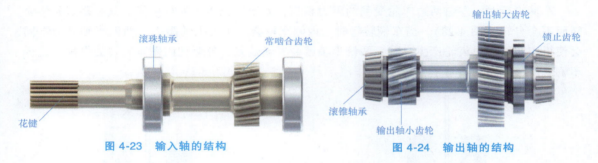

图 4-23 输入轴的结构　　　　图 4-24 输出轴的结构

2. 变速器的工作原理

手动变速器的工作原理是利用不同齿数的齿轮啮合传动组合实现转速和转矩的改变。它是一种变速装置，用来改变发动机或电动机传到驱动轮上的转速和转矩，在原地起步、爬坡、转弯、加速等各种工况下，使汽车获得不同的牵引力和速度，同时使发动机或电动机工作在较为有利的工况范围内。

下面列出某车型在不同档位下的动力传输路线。

（1）N 档动力传递路线：半轴——差速器齿轮——输出轴小齿轮——输出轴大齿轮——输入轴小齿轮——电动机（图 4-25）。

（2）D 档动力传递路线：电动机——输入轴小齿轮——输出轴大齿轮——输出轴小齿轮——差速器齿轮——半轴（图 4-26）。

（3）R 档动力传递路线：电动机——输入轴小齿轮——输出轴大齿轮——输出轴小齿轮——差速器齿轮——半轴（图 4-27）。

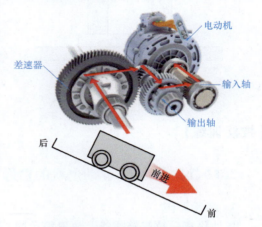

图 4-25 N 档动力传递路线

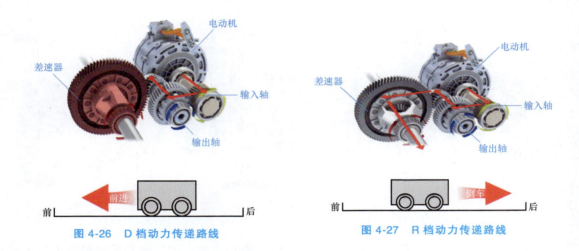

图 4-26　D 档动力传递路线　　　　图 4-27　R 档动力传递路线

3. 差速器的工作原理

车辆直行时，左右两边车轮受到的阻力相当，差速器壳体内的行星齿轮只是跟着壳体公转而不会自转（图 4-28）。当车辆转弯时，内侧车轮会产生更大的阻力，两侧半轴受力不同会使得中间的行星齿轮产生自转，两侧半轴就会有转速差，外侧比内侧车轮转的更快，这样车辆就能够顺利的转弯了（图 4-29）。

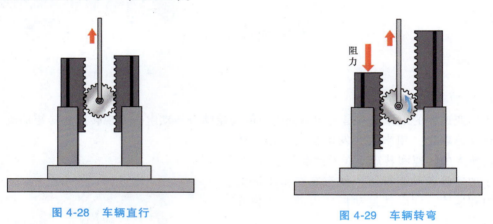

图 4-28　车辆直行　　　　图 4-29　车辆转弯

【技能训练】

2018 款比亚迪 e5 驱动电机的检修

1. 准备工作

场地隔离：拉起警戒线，放置警示牌，做好车辆安全防护与隔离，防止维修过程中发生意外。

个人防护：准备好绝缘鞋、绝缘帽、绝缘手套等个人防护用具，并检查防护用具能否正常使用。

工具量具：绝缘工具套装、数字万用表、绝缘电阻表、毫欧表。
实训设备：2018 款比亚迪 e5 整车，一站式比亚迪 e5 实训台。

2. 故障类型

（1）电气故障　电动机常见电气故障有电子绕组绝缘故障、绕组短路故障、旋转变压器信号故障、温度传感器信号故障等。

（2）机械故障　电动机常见机械故障有振动、过热、磨损或者异物导致的电动机轴承、齿轮、油封等出现损坏。

3. 电动机检测与故障检查

在电动机检查前，需要进行高压下电：第一步，关闭点火开关；第二步，拔下高压维修开关；第三步，拆下蓄电池负极，用绝缘胶带包好，等待 10min 以上。

（1）电动机外观检查　仔细检查电动机外观，电动机表面不应有锈蚀、碰伤、划痕，涂覆层不应有剥落，紧固件应连接牢固，接线端应完整无损。

（2）旋转变压器信号检查　在常温状态下，拔下电机旋转变压器信号连接线，测量驱动电机励磁绕组，用万用表电阻档位测量 1 和 4 端子之间的电阻（图 4-30），阻值应符合要求。用同样的方法测量正弦绕组、余弦绕组的阻值。旋转变压器端子含义和各绕组电阻标准值分别见表 4-2 和表 4-3。

图 4-30　旋转变压器信号端子示意

表 4-2　旋转变压器端子含义

端子号	含义
1	励磁+
2	正弦+
3	余弦+
4	励磁-
5	正弦-
6	余弦-

表 4-3　各绕组电阻标准值

序号	测量对象	标准值/Ω
1	励磁绕组电阻	6.5±2
2	正弦绕组电阻	12.5±4
3	余弦绕组电阻	12.5±4

（3）电动机温度传感器的检查　在常温下，拔下电动机温度传感器的连接线，用万用表电阻档测量温度传感器端子 3 与 6 之间的电阻（图 4-31），阻值应在 50.04～212.5kΩ 范围内。温度传感器端子含义见表 4-4。

表 4-4 温度传感器端子含义

端子号	含义
1	空
2	空
3	温度传感器+
4	空
5	空
6	温度传感器-

图 4-31 温度传感器端子示意

（4）定子绕组的检查　驱动电机电源线拆卸示意如图 4-32 所示，拆卸 6 个螺栓，断开驱动电机 A、B、C 三相驱动线，检测定子绕组。

图 4-32 驱动电机电源线拆卸示意

2018 款比亚迪 e5 电动机的拆装与检测

① 绕组电阻检查：用万用表，测量定子绕组 A、B、C 相之间的电阻（图 4-33），阻值应符合要求。三相绕组间电阻标准值见表 4-5。

图 4-33 测量三相绕组之间电阻

表 4-5　三相绕组间电阻标准值

序号	测量对象	标准值/Ω
1	U—V	<1
2	V—W	<1
3	W—U	<1

② 绝缘电阻的检查：用绝缘测试仪，将档位调到 1000V 档，测量 U、V、W 三相绕组对电动机壳体的绝缘阻值（图 4-34），绕组与壳体间绝缘电阻标准值见表 4-6。

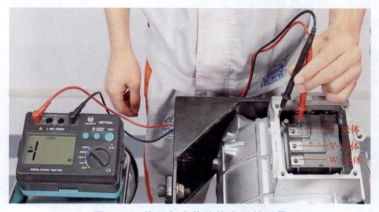

图 4-34　绕组与壳体绝缘电阻的测量

表 4-6　绕组与壳体间绝缘电阻标准值

序号	测量对象	标准值
1	U—壳体	无穷大
2	V—壳体	无穷大
3	W—壳体	无穷大

用绝缘测试仪，将档位调到 1000V 档，测量 U、V、W 三相绕组对温度传感器的绝缘阻值（图 4-35），绕组与温度传感器间绝缘电阻标准值见表 4-7。

图 4-35　绕组与温度传感器间绝缘电阻的测量

表 4-7 绕组与温度传感器间绝缘电阻标准值

序号	测量对象	标准值
1	U—温度传感器	无穷大
2	V—温度传感器	无穷大
3	W—温度传感器	无穷大

（5）永磁铁转子磁性的检测　使用特斯拉计对转子永磁铁的磁性进行检测，检查其磁性是否有退磁的现象，避免其磁性衰退影响电动机的运行。永磁铁磁极表面的磁性检测和磁极间的磁性检测分别如图 4-36 和图 4-37 所示。

图 4-36　永磁铁磁极表面的磁性检测　　　　图 4-37　永磁铁磁极间的磁性检测

（6）电动机冷却液道密封性检查　在电动机的冷却液进出口处接连好接管，一端连接密封好的橡胶管，另一端则连接可打气压的气压表；连接好后往电动机的冷却液道打进 200kPa 的气压，20min 后（或更长时间）观察气压的压力没有低于 200kPa，则说明该电动机的冷却液道密封良好。否则说明其有泄漏或橡胶管没连接好。电动机冷却液道密封性检查如图 4-38 所示。

a)　　　　　　　　　　　　　b)　　　　　　　　　　　　　c)

图 4-38　电动机冷却液道密封性检查

(7) 减速器的检查

1) 测量差速器前箱体上放置的差速器组件高度 H (图4-39)。测量高度时，先将前箱体放置在工作台上，保持前后箱合箱面向上且尽量水平。用高度尺测量轴承的外圈端面距前箱合箱面的距离 H。测量时，首先确认合箱面足够平整。选择一个合适的位置固定住高度尺的底座，最好个人配合测量，一人把持住尺，并压住待测量差速器组件（需要测量至少三次，期间转动组件并适当调整外圈角度），保证另一人在测量时对于同一组件的结果（H值）偏差在0.05mm以内。

2018款比亚迪e5减速器的拆装与检测

a)   b)

图4-39 差速器前箱体上放置的差速器组件高度 H 的测量

2) 测量后箱体轴承孔底深度 D (图4-40)。测量深度时，将后箱体放置在工作台上，保持前后箱合箱面向上且尽量水平。用深度尺测量轴承孔座的环面距后箱合箱面的距离。测量时，首先确认合箱面足够平整，如有胶渍请注意清除。选择一个合适的位置固定测量基准

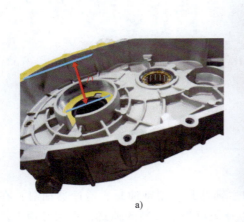

a)   b)

图4-40 后箱体轴承孔底深度 D 的测量

板。最好两个人配合测量,一人把持住基准板并适当调整位置,使得测量者可以在轴承孔座的环面多次测量(需要测量至少三次),保证另一人在测量时对于同一组件的结果(D值)偏差在 0.05mm 以内。

选择三轴轴调整垫片,垫片厚度f与前箱体上放置的差速器组件高度H和后箱体轴承孔底深度D之间的关系应满足:$0.05 \sim 0.12 = D - H - f$。垫片的可选组别见表 4-8。

表 4-8 垫片的可选组别

序号	厚度 f/mm	序号	厚度 f/mm
1	0.50	9	0.90
2	0.55	10	0.95
3	0.60	11	1.00
4	0.65	12	1.05
5	0.70	13	1.10
6	0.75	14	1.15
7	0.80	15	1.20
8	0.85		

(8)轴承、油封的拆卸与更换

1)轴承的拆卸与更换:用卡簧钳拆卸卡簧,再用专用工具将轴承拉出来;在安装新的轴承前应将其内部清洁干净并涂上润滑油以便更好地安装新的轴承,再用专用工具安装上新的轴承。轴承的拆卸如图 4-41 所示。

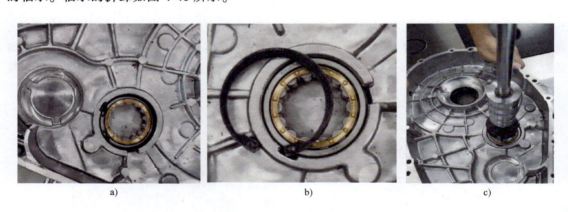

图 4-41 轴承的拆卸

2)油封的拆卸与更换:用专用工具拆卸主轴油封、副轴油封、差速器油封;在安装新的油封前应清洁干净其内表面并涂上润滑油以便更好地安装新的油封,再用专用工具把新的油封安装到位。油封安装示意图如图 4-42 所示。

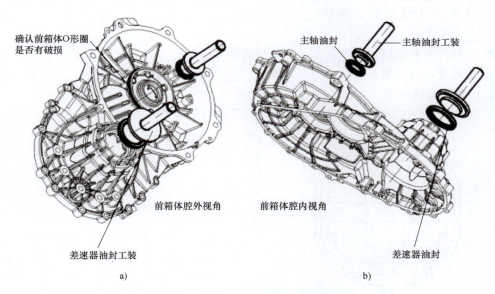

图 4-42 油封安装示意图

【任务总结】

1. 2018 款比亚迪 e5 驱动电机由定子、转子、旋转变压器、电动机温度传感器、电动机冷却管路组成。

2. 永磁同步电动机转子主要由铁心、永磁铁和转子轴组成。铁心上安装有永磁铁。

3. 在永磁同步电动机中，永磁铁的安装形式有多种，主要有贴片式、嵌入式等。

4. 旋转变压器用来检测驱动电机转子的位置和速度。旋转变压器输出信号经电机控制器解码后，可以获取电动机的转速、转向、速度等信息。

5. 旋转变压器的工作原理近似于普通的变压器，当一次绕组输入一个信号，根据电磁感应原理，会在二次绕组产生一个输出信号。但与普通变压器不同的是，旋转变压器由于转子随着驱动电机转子轴在转动，一次绕组与二次绕组之间有着相对运动，所以二次绕组输出的电压幅值也会产生变化。

【实训工单】

实训工单 1　电动机认知

车型	比亚迪 e5 电机总成	工具	新能源工具车
时间	45min		

具体实施如下：

一、填空题

1. 汽车驱动电机可分为＿＿＿＿、＿＿＿＿、＿＿＿＿和＿＿＿＿。

2. 永磁同步电动机主要由 _____ 、_____ 、_____ 、_____ 和 _____ 组成。

3. 永磁同步电动机中由 _____ 提供旋转磁场。

4. 旋转变压器定子上有 _____ 绕组、_____ 绕组、_____ 绕组。

二、查找维修手册

完成下图旋转变压器针脚的数字编号，并写出每个端子号的含义。

端子号	含义
1	
2	
3	
4	
5	
6	

B30

三、判断题

1. 在旋转变压器中，励磁绕组的作用是产生固定频率的磁场。（   ）
2. 永磁同步电动机的磁性不会因为温度升高而消退。（   ）
3. 旋转变压器用来测量电动机的转速。（   ）
4. 在永磁同步电动机中，三相绕组与温度传感器之间的电阻值应小于1Ω。（   ）

实训工单 2　变速器的检查

车型	比亚迪 e5 电机总成	工具	变速器
时间	90min		

具体实施如下：

1. 变速器组件外观目视检查

状态记录	合格	不合格	处理意见
齿轮轮系转动			
主轴齿轮			
副轴齿轮 1			
副轴齿轮 2			
差速器组件			
后箱体轴承外圈			
主轴前轴承内外圈			
差速器油封			
主轴油封			

注：根据检查结果填写，合格打"√"，不合格打"×"，处理意见正常打"√"，若不正常请标注出维修方案（维修、更换、调整）。

2. 三轴轴调整垫片厚度计算与选择

测量对象	测量数据 1	测量数据 2	测量数据 3	平均值	测量模式
差速器组件高度 H					高度
后箱体轴承孔底深度 D					深度
三轴轴调整垫片厚度 f					
结果判定与处理					

实训工单 3 电动机的基本检测

车型	比亚迪电动汽车	工具	数字万用表、绝缘测试仪、示波器、绝缘手套
时间	90min		

具体实施如下：

1. 电动机信息的识别

根据电动机铭牌，完成下面表格中的信息。

序号	技术指标	技术参数
1	电动机类型	
2	最大输出转矩	
3	额定转矩	
4	最大输入功率	
5	最大输出转速	
6	总成质量	
7	防护等级	
8	绝缘等级	
9	工作电压	

2. 电动机检测

序号	测试项目	技术要求		结果
1	绝缘电阻	标准要求： 绝缘电阻表电压等级：	U-壳	
			V-壳	
			W-壳	
		标准： 绝缘电阻表电压等级：	U-温度传感器	
			V-温度传感器	
			W-温度传感器	
2	绕组短路检查	常温下标准要求：	U-V	
			V-W	
			W-U	

（续）

序号	测试项目	技术要求	结果	
3	绕组断路检查	常温下标准要求：	U-V	
			V-W	
			W-U	
4	旋转变压器信号	标准要求：	正弦	
		标准要求：	余弦	
		标准要求：	励磁	

模块三

2019 款比亚迪 e5 驱动系统

任务 5　2019 款比亚迪 e5 高压三合一总成的故障诊断与排除

任务导入

2019 年，梁先生听说比亚迪新出了一款 e5（3+3）平台的车型，而且听说高压电控部分是采用高度集成技术，所以梁先生到了一家比亚迪 4S 店找销售人员了解这款车的集成技术。

任务目标

1. 熟悉比亚迪 e5（3+3）平台车型的由来。
2. 了解高压总成采用高度集成技术的优势。
3. 了解比亚迪 e5（3+3）车型的结构。
4. 熟悉高压三合一的结构。
5. 掌握高压电控总成数据流的读取与分析。
6. 懂得查阅维修手册进行高压电控总成的故障诊断与排除。

【任务知识】

一、比亚迪 e5（3+3）平台车型的由来

比亚迪 e5（3+3）平台车型其实是比亚迪公司 e 平台旗下的一款车型，比亚迪 e 平台覆盖了多个级别车型，支持不同续航里程，一个平台为用户提供高性价比、高性能、高品质且具有差异化的车型产品。利用集成化和标准化，比亚迪 e 平台有效降低了零件成本和车型开发成本，从而在价格和性能之间取得平衡。比亚迪 e 平台应用车型如图 5-1 所示。

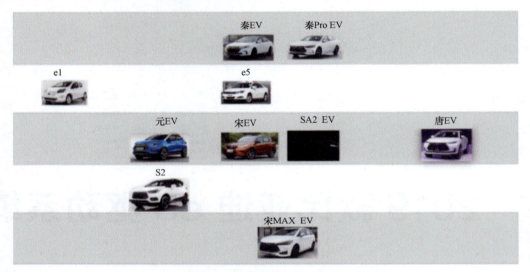

图 5-1　比亚迪平台应用车型

比亚迪 e 平台通过"33111"高度集成化设计来极限地压缩空间，从而更容易开发标准化模块，最终形成标准化程度高的纯电动汽车平台。简单来讲就是把几大相关部件合为一体，让部件占用空间最小化、成本最低化、乘坐空间最大化、车辆性能最高化。其中"33111"包括驱动电机三合一、高压控制器三合一、低压控制器多合一、一块动力电池和一块智能网联中控屏，比亚迪 e 平台的"33111"如图 5-2 所示。

比亚迪 e 平台就是通过模块的高集成化和标准化降低成本，将节省成本用于提升性能，同等成本下实现最优性能，同等性能下实现最优成本，打造市场爆款车型，为用户提供高性价比、高性能、高品质、高生产效率的产品。

总之，比亚迪 e 平台让我们看到了如何正确解决制造成本与车辆性能之间的矛盾，也让我们看到了新能源汽车未来发展的方向。与我们熟悉的、传统的模块化汽车平台不太一样，比亚迪 e 平台把车辆相关的部件分为几个大部分，把它们统一、集成起来，让车辆的机构更紧凑、制造成本更低。

产品集成化的优势：

1) 减少整车线束：布置清晰、重量更轻。

2) 减少 MCU 及外围电路：待机功耗下降，延长整车待机时间，降低整车故障率，提高品质。

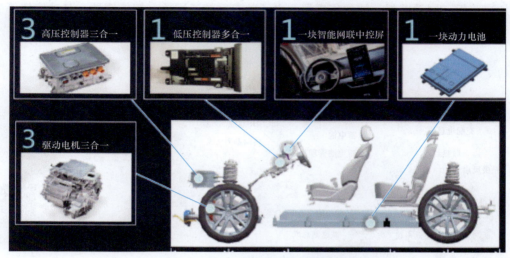

图 5-2 比亚迪 e 平台的"33111"

3）减少网节点：总线负载率降低，总线运行更稳定。

4）减少零部件数量：装配、采购、仓储、物料、售后维护简化，减少产品开发团队，降低运营和开发成本。

比亚迪 e5 采用了 3+3 平台后，为整车减小质量 40kg，节省空间 37L，解决了整车布局困难问题，为零部件发展带来了机遇。比亚迪 e5 的传统布局与 3+3 部件布局如图 5-3 所示。

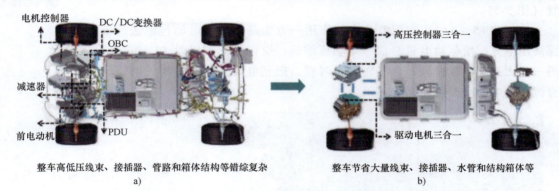

整车高低压线束、接插器、管路和箱体结构等错综复杂
a)

整车节省大量线束、接插器、水管和结构箱体等
b)

图 5-3 比亚迪 e5 的传统布局与 3+3 部件布局
a) 传统布局　b) 3+3 部件布局

二、2019 款比亚迪 e5 整车结构

2019 款比亚迪 e5 的整车结构如图 5-4 所示，从图 5-4 中我们可以看到整车包括了充配电总成、驱动电机、电机控制器、动力电池包、蓄电池管理系统等。

该车型从原来的"高压四合一"结构变为 3+3 平台结构，这样使得整车节省了大量的线束、插接器、冷却液管和结构箱体等。比亚迪 e5（3+3）驱动传动系统的总体组成主要由高压电控总成（又称充配电总成）、驱动电机总成（电机控制器、驱动电机、变速器）两大部分组成（图 5-3b）。2019 款比亚迪 e5（3+3）驱动传动系统还包括了传动半轴、整车控制器、加速踏板、制动踏板、档位传感器、电子驻车系统、网关、智能钥匙、起动按钮等。

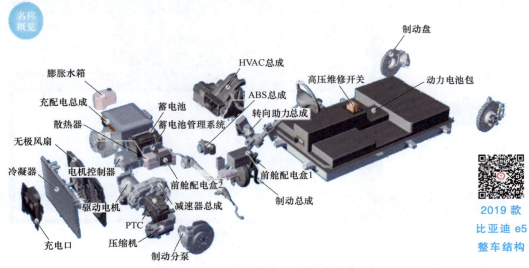

图 5-4 2019 款比亚迪 e5 的整车结构

三、高压三合一总体结构

2019 款比亚迪 e5 的高压三合一又称充配电总成，它安装于前机舱的上部位置（图 5-5）。

比亚迪 e5（3+3）充配电总成的作用一方面是把动力电池包输送过来的直流高压电分配给驱动电机总成、电动压缩机、空调加热器以及 DC/DC 变换器，另一方面是车辆在交流、直流充电的时候，把充电设备输送过来的电能转变成直流高压电给动力电池充电。

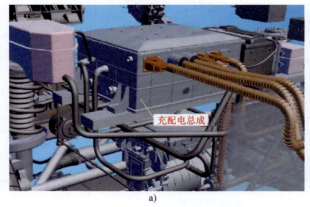
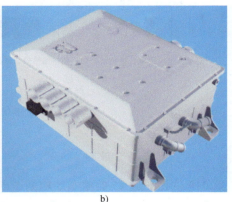

图 5-5 充配电总成位置

比亚迪 e5（3+3）充配电总成的内部组成主要由车载充电机、配电箱、DC/DC 变换器三部分组成，故又可简称为高压三合一。比亚迪 e5（3+3）的高压三合一比起以往 e5 的高压四合一减少了电机控制器部分，采用高度集成技术后其体积缩小了很多，为车辆整个机舱内节约了大量的空间，从整体上降低了整车的重量。高压四合一和高压三合一分别如图 5-6 和图 5-7 所示。

图 5-6　高压四合一

图 5-7　高压三合一

2019 款比亚迪 e5 高压三合一的拆装

比亚迪 e5（3+3）平台车型高压电控部分采用了高压三合一结构（DC/DC 变换器、车载充电机、配电箱）（图 5-8），在结构、控制和功率布局等方面高度集成，体积缩小了 40%，功率密度提升了 40%，整体重量降低了 25%，成本也得到了有效降低。其中，其功率密度大于 2kW/L，领先于行业 1kW/L 左右的平均水平。其特点是深度集成、高效节能、双向技术、安全可靠。高压三合一的参数如图 5-9 所示。

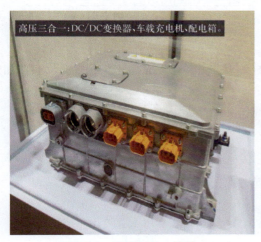

图 5-8　高压三合一结构

充配电总成		B 平台
电压	额定电压/V	394.2
	最高电压/V	450
	最低电压/V	250
OBC	充电功率	6.6kW
	类型	单向、隔离
DC/DC 变换器	额定输出电压/V	13.8
	额定输出电流/A	145

图 5-9　高压三合一的参数

高压三合一应用的三大技术如下。
1）SiC 应用技术：降低开关损耗，提高频率，降低产品体积。
2）谐振软开关技术：提高转换效率，减小器件应力，提升产品稳定性。
3）同步整流技术：降低导通损耗，提高转换效率，提高器件利用率，降低成本。

运用 SiC 应用技术、谐振软开关技术和同步整流技术等，该系统充电效率提升 1%。按照现在全国新能源汽车 261 万辆的保有量来计算，若平均每天充电 2h，那么全年就能节省超过 1 亿 kWh 电。

四、充配电总成的外部连接

充配电总成外部连接如图 5-10 所示,因其主要集成了整车的充电、配电的功能,在总成上分别装配了高压系统电路、低压系统电路和冷却系统回路等。

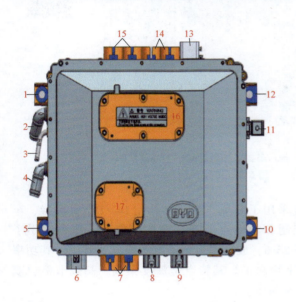

序号	定义	对接说明
1	辅助定位(ϕ13)	安装在前舱大支架上
2	冷却液出口	连接冷却液管
3	排气口	连接排气管
4	冷却液进口	连接冷却液管
5	主定位(ϕ11)	安装在前舱大支架上
6	交流充电输入	连接交流充电口
7	直流充电输入	连接直流充电口
8	空调压缩机配电	连接空调压缩机
9	空调PTC配电	连接空调PTC
10	辅助定位(ϕ13)	安装在前舱大支架上
11	低压正极输出	连接蓄电池
12	辅助定位(ϕ13)	安装在前舱大支架上
13	低压信号	连接低压线束
14	高压直流输入/输出	连接动力电池包
15	电机控制器配电	连接电机控制器
16	电控甩线和直流母线线鼻子固定维修盖	线鼻子固定点维修盖板
17	直流充电线缆线鼻子固定维修盖	线鼻子固定点维修盖板

图 5-10 充配电总成外部连接

1. 充配电总成前部结构

充配电总成前部主要连接交流充电输入、直流充电−、直流充电+、压缩机、PTC 加热器。充配电总成前部结构如图 5-11 所示。

图 5-11 充配电总成前部结构

2. 充配电总成后部结构

充配电总成后部主要连接动力电池、电机控制器以及 33pin 低压插头。充配电总成后部结构如图 5-12 所示。

3. 充配电总成右侧结构

充配电总成右侧主要连接冷却液管的进液管与出液管以及排气管,其中进液管连接着散热器,出液管连接着电机控制器的冷却液管输入端,排气管则是连着膨胀水箱。充配电总成右侧结构如图 5-13 所示。

图 5-12 充配电总成后部结构

图 5-13 充配电总成右侧结构

4. 充配电总成左侧结构

充配电总成左侧主要连接 DC 输出端，它通过电缆连接到车辆低压蓄电池的正极端。充配电总成左侧结构如图 5-14 所示。

五、充配电总成的内部结构

充配电总成内部主要由车载充电机（OBC）、配电箱（直流充电正负极接触器、烧结模块、压缩机正负极输出、PTC 加热器正负极输出、DC/DC 变换器正负极输出）、DC/DC 变换器组成。图 5-15 所示为充配电总成内部结构。

图 5-14 充配电总成左侧结构

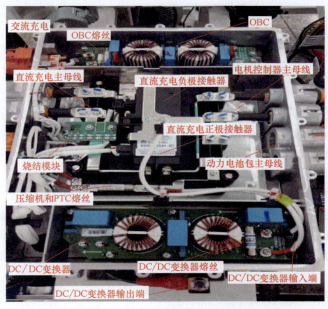

图 5-15 充配电总成内部结构

整个充配电总成的铝合金箱体设计成正反面,箱体的中间部分设计了冷却用的水道,主要给正反两侧进行冷却、散热,在保证冷却效果的同时,最大限度地缩小充配电总成的整体体积。另外,功率开关管也都集中布置在电路板的下方,通过对整个充配电总成控制器的体积进行控制,也就实现了功率密度的提升。

由于该系统的分体部件较少,并共用功率半导体,因此整套系统实现了直流 500V 的高压,部分核心器件最高承受工作电压 600V,这就意味着使用同一个直流充电桩,该系统的充电功率更大(可以做到接近 60kW,一般的纯电动汽车只能达到 30~40kW),充电的速度更快,车辆可以使用更高的电压。

1. 高压配电箱

充配电总成高压配电箱的主要作用一方面是把动力电池包主母线输入的直流高压电分配给车辆电机控制器、电动压缩机、PTC 加热器以及 DC/DC 变换器;另一方面是把交流、直流充电的电能转变成直流高压给车辆动力电池充电。高压配电箱结构如图 5-16 所示。

图 5-16 高压配电箱结构

2. DC/DC 变换器

DC/DC 变换器安装于充配电总成的右侧位置,如图 5-17 所示。它是将一种电压值的电能转变为另一种电压值的电能装置,DC/DC 变换电路主要是脉宽调制(PWM)工作方式,其基本原理是通过开关管把直流电转成方波(脉冲波),通过调节方波的占空比(脉冲宽度与脉冲周期之比)来改变电压。DC/DC 变换器在整车放电、交流充电、直流充电时都会工作,以辅助低压蓄电池为整车提供低压电源。

3. 车载充电机(OBC)

OBC 安装于充配电总成的左侧位置,如图 5-18 所示。其输入侧为 220V 单相交流电,其控制板采取高度集成技术,在功能不变的情况下体积与质量得到了大大减小。

交流充电时,电流通过交流充电桩、壁挂式充电盒以及充电适配器等到交流充电口,电流通过充配电总成从 220V 或者 380V 交流电转换为高压直流电为动力电池包充电。

4. 充配电总成 33pin 低压插接器结构

充配电总成 33pin 低压插接器的外观结构如图 5-19 所示。

33pin 低压插接器各个端子的定义见表 5-1。

模块三　2019款比亚迪e5驱动系统

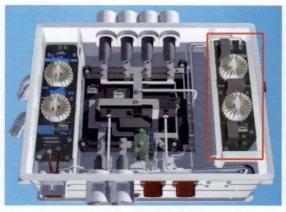 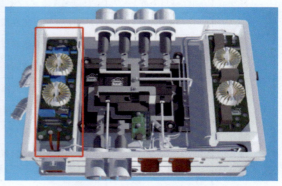

图5-17　DC/DC变换器安装位置　　　　　　图5-18　OBC安装位置

a)　　　　　　　　　　　　　　　　　　b)

图5-19　充配电总成33pin低压插接器的外观结构

a) 设备端　b) 线末端

表5-1　33pin低压插接器各个端子的定义

引脚号	端口名称	端口定义	线束接法
1	OFF-12V-1	常电1（接12V常电）	F1-6
2	OFF-12V-1	常电2（接12V常电）	F1-6
3	GND	常电电源地1	车身搭铁
4	CC	充电连接确认	接交流充电口-2
5	CP	充电控制导引	接交流充电口-1
6	CC-BMC	充电连接信号	接BMC02-20
7	T-CDK	充电口温度检测	接交流充电口-7
8	SOURSE-JCQ	直流充电正极、负极接触器电源	接BMC01-15
9	CONTROL-JCQ+	直流充电正极接触器控制信号	接BMC01-33
10	CONTROL-JCQ-	直流充电负极接触器控制信号	接BMC01-24
11	SJJC	直流充电接触器烧结检测信号	接BMC02-7

71

(续)

引脚号	端口名称	端口定义	线束接法
12	DCHS-IN	直流高压互锁输入	接动力电池包-29
13	DCHS-OUT	直流高压互锁输出	接 BMC02-5
14	ACHS-IN	交流高压互锁输入	接 BMC02-10
15	ACHS-OUT	交流高压互锁输出	接 BMC02-11
16	CAN-H	动力网 CAN 线	动力网
17	CAN-L	动力网 CAN 线	动力网
18	GND	直流充电接触器烧结检测信号地	车身搭铁
19	GND		车身搭铁
20—33	预留		

5. 充配电总成电路图

2019 款比亚迪 e5 的充配电总成电路图如图 5-20 所示。

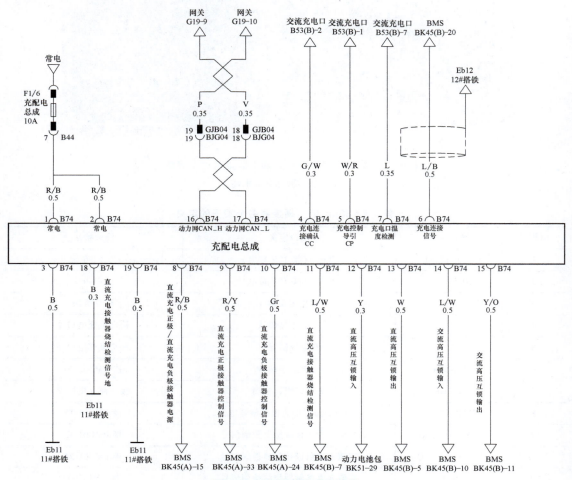

图 5-20　充配电总成电路图

【技能训练】

一、充配电总成动力网波形的检测

CAN 总线协议电平标准：CAN 控制器根据两根线上的电位差来判断总线电平。总线电平分为显性电平和隐性电平，二者必居其一。发送方通过使总线电平发生变化，将消息发送给接收方。CAN 总线电平（差分电压）如图 5-21 所示。

显性电平对应逻辑 0，即 CAN_H 和 CAN_L 之差为 2V；隐性电平对应逻辑 1，即 CAN_H 和 CAN_L 之差为 0V。

2019 款比亚迪 e5 的充配电总成的动力 CAN 采用 500kB/s 的比特率来发送与接收数据，可通过示波器测量其动力网的波形变化来了解其工作原理。

（1）充配电总成的动力网正常的波形　充配电总成的动力网正常的波形如图 5-22 所示。

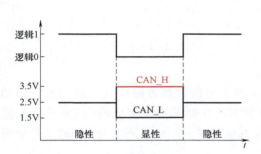

图 5-21　CAN 总线电平（差分电压）

图 5-22　充配电总成的动力网正常的波形

（2）充配电总成的动力网 CAN_H 与 CAN_L 接反后波形　接反后测得其波形刚好对调，测 CAN_H 端变成 CAN_L 的波形，测 CAN_L 端变成 CAN_H 的波形（图 5-23）。

（3）充配电总成动力网中的 CAN_L 搭铁后的波形　充配电总成动力网中的 CAN_L 搭铁后的波形如图 5-24 所示。

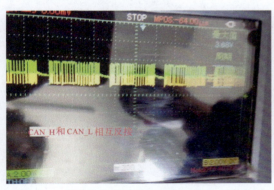

图 5-23　充配电总成的动力网相互反接后的波形

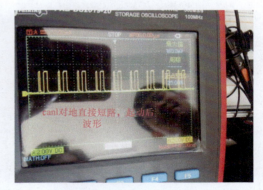

图 5-24　充配电总成动力网中的 CAN-L 搭铁后的波形

二、充配电总成互锁波形的检测

2019 款比亚迪 e5 充配电总成里的互锁主要由直流互锁和交流互锁构成，其内部的直流互锁路线为 B74-12→压缩机高压插头→PTC 高压插头→B74-13；而其内部交流互锁路线为 B74-10→交流充电高压插头→B74-11。其互锁都是采用 5V 占空比的波形。互锁正常的波形和互锁断路的波形分别如图 5-25 和图 5-26 所示。

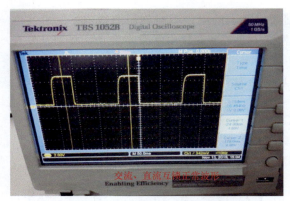 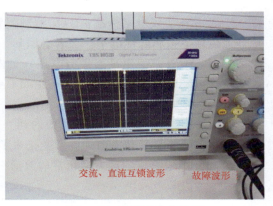

图 5-25　互锁正常的波形　　　　　　　　图 5-26　互锁断路的波形

三、充配电总成充电 CP 信号波形的检测

一般通过测量充配电总成 CP 信号的波形来了解充电的控制策略以及了解充电枪的功率，一般 40kW 的交流充电枪的 CP 占空比为 70% 左右；7kW 的交流充电枪的 CP 的占空比为 35% 左右；3.3kW 的交流充电枪的 CP 占空比为 20% 左右。3.3kW 充电时 CP 的波形如图 5-27 所示。

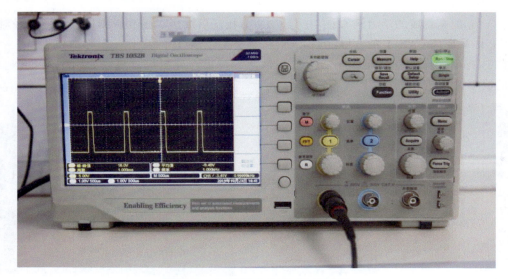

图 5-27　3.3kW 充电时 CP 的波形

四、充配电总成 DC/DC 数据流的读取

打开点火开关，使用比亚迪专用诊断仪 VDS2000 读取正常状态下 DC/DC 的数据流，读

取 DC/DC 高压侧电压、高压侧电流、低压侧电压、低压侧电流以及其他数据,从而分析高压上电状况与 DC/DC 工作状况。充配电总成 DC/DC 数据流的读取如图 5-28 所示。

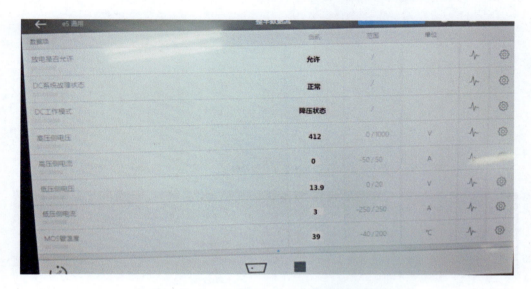

图 5-28　充配电总成 DC/DC 数据流的读取

五、充配电总成 OBC 数据流的读取

关闭点火开关,插上 3.3kW 的交流充电枪对车辆进行交流充电,正常充上电后,连接比亚迪专用诊断仪 VDS2000 读取交流充电(OBC)的数据流,读取其交流侧输入电压、直流侧输入电压、CP 占空比、交流侧频率等数据流,从而分析车辆交流充电的状况。充配电总成 OBC 数据流的读取如图 5-29 所示。

图 5-29　充配电总成 OBC 数据流的读取

图 5-29　充配电总成 OBC 数据流的读取（续）

六、充配电总成故障诊断与排除

（1）充配电总成低压供电故障诊断与排除　一辆 2019 款比亚迪 e5 在打开点火开关后发现仪表的 OK 灯不亮而充电指示灯点亮，如图 5-30 所示，而且前面的冷却风扇高速运转。

用比亚迪专用诊断仪 VDS2000 连接后发现无法进入车载充电机（OBC）系统和 DC/DC 变换器系统，故初步怀疑是充配电总成的低压供电熔丝或电路故障，查找电路图与维修手册找到充配电总成的低压供电熔丝 F1-6，用万用表测量 F1-6 熔丝，发现其一端为 12V 电压，一端为 0V 电压，把该熔丝拔出来发现其熔断了，更换该熔丝后，车辆恢复正常。

图 5-30　OK 灯不亮而充电指示灯点亮

（2）充配电总成通信故障诊断与排除 一辆 2019 款比亚迪 e5 在打开点火开关后发现仪表的 OK 灯不亮，无法挂档，冷却风扇高速运转。车辆被拖回比亚迪 4S 店后，维修人员用比亚迪专用诊断仪 VDS2000 连接后发现无法进入车载充电机（OBC）系统和 DC/DC 变换器系统，经检查发现充配电总成的供电熔丝 F1-6 是好的，而且用万用表测得 B74-1 和 B74-2 端有 12V 电压，排除了是充配电总成供电造成的故障。最后怀疑是其动力网电路问题，万用表测得其动力网电压异常，再用示波器测量其波形也发现波形异常（图 5-31），测量其动力网的电路通断发现其中一条动力网发生断路，修复其电路，车辆恢复正常。

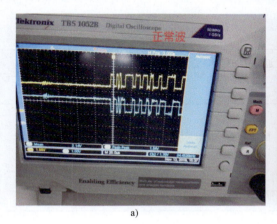
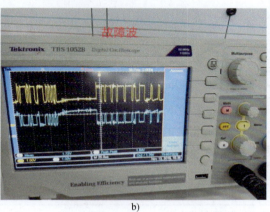

a)   b)

图 5-31 充配电总成动力网正常波形与断路故障波形
a）正常波形 b）断路故障波形

（3）充配电总成无法进行交流充电故障诊断与排除 一辆 2019 款比亚迪 e5 直流充电可以正常使用，但是用交流充电枪充电就无法进行充电，插上交流充电枪发现仪表上有充电指示灯，仪表上一直显示"充电连接中，请稍候……"（图 5-32）。

图 5-32 充配电总成无法交流充电故障现象

车辆开到比亚迪 4S 店后，维修人员插上交流充电枪，连接诊断仪 VDS2000 检查发现 OBC 的数据流中的直流侧有高压电，交流侧电压为 0，CP 占空比为 0。分析：仪表板有充电指示灯、数据流读到直流侧有高压电，这说明该车的交流充电 CC 信号是正常的；而数据流中交流侧电压为 0、CP 占空比为 0，说明该车的交流充电 CP 信号异常，故去检查 CP 的线束，经检查发现 B53（B）插头一号线发生断路，看断开的痕迹怀疑是老鼠咬断，而该线正是 CP 信号线，修复电路，重新插充电枪就可以进行交流充电了。

【任务总结】

1. 比亚迪 e 平台通过"33111"高度集成化设计来极限地压缩空间，从而更容易开发标准化模块，最终形成标准化程度高的纯电动汽车平台。其中"33111"包括驱动电机三合一、高压控制器三合一、低压控制器多合一、一块动力电池和一块智能网联中控屏。

2. 比亚迪 e5（3+3）平台车型高压电控部分采用了高压三合一结构（DC/DC 变换器、车载充电机、配电箱）。

3. 比亚迪 e5（3+3）充配电总成的作用一方面是把动力电池包输送过来的直流高压电分配给驱动电机总成、电动压缩机、空调加热器以及 DC/DC 变换器参与工作，另一方面是车辆在交流、直流充电的时候，把充电设备输送过来的电能转变成直流高压电给动力电池充电。

【实训工单】

实训工单 1　交流充电基本检测、数据流分析、波形分析

车型	比亚迪电动汽车	工具	比亚迪 VDS1000 诊断仪、数字万用表、示波器
时间	90min		

具体实施如下：

1. 交流充电的基本检测：测量充电枪 CC 与 PE 之间电阻，测量充电枪 CP 输出电压，测量车端 CC 输出电压

项目名称	数值（含单位）
充电枪 CC 与 PE 之间电阻	
充电枪端 CP 输出电压	
车端 CC 输出电压	

2. 用诊断仪读取交流充电时的数据并分析

分析项目	数值（含单位）	分析项目	数值（含单位）
交流侧输入电压		直流侧总电压	
交流侧频率		交流侧输入电流	
PWM 波占空比		12V 侧输出电流	
12V 侧输出电压		本次充电累计电量	
充电口温度		交流侧功率	
IGBT 管温度		本次预计充满时间	

3. 用示波器读取充电时 CP 的波形并分析

实训工单 2　充配电总成动力网波形的检测

车型	比亚迪电动汽车	工具	数字万用表、示波器
时间	45min		

具体实施如下：

1. 充配电总成动力网正常波形的检测与分析

2. 充配电总成动力网 CAN-H 与 CAN-L 接反波形的检测与分析

3. 充配电总成动力网 CAN-L 对地波形检测与分析

实训工单3　充配电总成故障诊断与排除

车型	比亚迪电动汽车	工具	比亚迪VDS2000诊断仪、数字万用表
时间	90min		

具体实施如下：

1. 填写车辆信息

	请在以下区域填写	扣分	判罚依据
记录车辆信息	整车型号： 车辆识别码： 工作电压： 蓄电池容量： 电机型号： 里程表读数：		

2. 故障点诊断与排除记录表（记录表数量与故障点数量一致）

作业项目	作业内容				备注
故障现象确认					确认并记录故障现象
模块通信状态及故障码检查					
正确读取数据	项目	数值	单位	判断	如果无相关数据则无须填写
清除故障码并再次读取	确认故障码是否再次出现，并填写结果 □ 无故障码　　□ 有故障码				
确定故障范围	电路/插接器外观及连接情况 □ 正常　　□ 不正常 零件安装情况 □ 正常　　□ 不正常				

（续）

作业项目	作业内容		备注
部件/电路测试	部件/电路范围	检查或测试后的判断结果	注明测试条件、插件代码和编号控制单元针脚代号以及测量结果
		□正常　□不正常	
		□正常　□不正常	
		□正常　□不正常	
		□正常　□不正常	
		□正常　□不正常	
		□正常　□不正常	
		□正常　□不正常	
		□正常　□不正常	
		□正常　□不正常	

故障部位确认和排除	故障类型	确认的故障位置	排除处理说明
	电路故障		□更换□维修□调整
	元件故障		□更换□维修□调整

结果分析

过程分析：_____
_____
_____
_____
_____

测量结论：_____
_____
_____
_____
_____
_____
_____
_____

任务6 2019款比亚迪e5驱动三合一总成的故障诊断与排除

任务导入

2019年李先生想买一辆纯电动汽车,听说比亚迪有一款驱动三合一的纯电动汽车,故到比亚迪4S店找人了解这款车。请你为李先生讲解一下2019款比亚迪e5驱动三合一的相关知识。

任务目标

1. 了解2019款比亚迪e5驱动三合一的基本结构。
2. 熟悉2019款比亚迪e5电机控制器的结构。
3. 熟悉2019款比亚迪e5电机控制器的工作原理。
4. 熟悉2019款比亚迪e5永磁同步电动机的结构。
5. 熟悉2019款比亚迪e5变速器的结构。
6. 能严格执行车间7S管理规范。

【任务知识】

一、驱动三合一简介

比亚迪e平台把驱动电机、电机控制器和变速器三个部件合为一体(图6-1),减少了部件间的复杂连接,减少了线束的数量,从而让汽车整体的结构更加紧凑、体积更小、质量更小、成本大幅度降低。

采用了驱动三合一后,驱动电机与电机控制器采用直连的方式,省去了三相线束,并共用冷却系统,成本降低了33%,体积减小了30%,质量也减小了25%,功率密度增加了20%,NEDC效率提升了1%,转矩密度增加了17%。值得一提的是,在70kW的驱动系统中,最高效率达到了91.9%,而120kW系统则有92.5%的最高效率,NEDC综合效率达到了88%。这组数据体现了比亚迪e平台对车辆性能的提升起到了关键的作用。

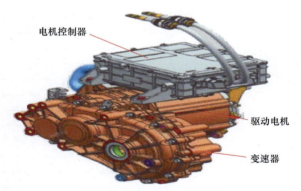

图6-1 驱动三合一的组成

运用同一技术,比亚迪已经开发出了4个驱动三合一的平台产品(图6-2),覆盖了不同质量的全部轿车,满足它们的动力性能和爬坡需求。从第一代电动机的最高转速6000r/min到第三代的最高转速15000r/min,比亚迪新能源汽车不仅拥有更强的加速性能,还有更紧凑的结构和更低的成本。4个驱动三合一的平台产品的最高转速都达到了14000r/min。

项目	40kW平台	70kW平台	120kW平台	180kW平台
适用车质量/t	<1.1	1.2～1.6	1.7～2.2	2.3～2.7
最高转速/(r/min)	14000	14000	14000	14000
峰值转矩/N·m	120	180	280	330
峰值功率/kW	42	70	120	180
总成质量/kg	53	63	80	92

图 6-2 驱动三合一的其他功率应用

二、2019 款比亚迪 e5 驱动电机系统组件

驱动电机系统是电动汽车的三大电系统之一。2019 款比亚迪 e5 驱动电机系统由驱动电机（DM）、电机控制器（MCU）构成，并通过高低压线束、冷却管路，与整车其他系统进行电气和散热连接。2019 款比亚迪 e5 驱动电机系统结构和驱动电机系统组件分别如图 6-3 和图 6-4 所示。

驱动电机总成（三合一）的参数见表 6-1。

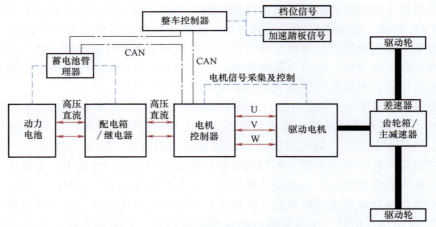

图 6-3 驱动电机系统结构

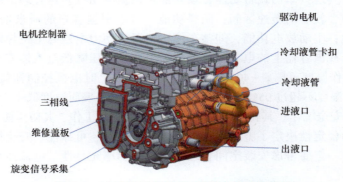

图 6-4 2019 款比亚迪 e5 驱动电机系统组件

表 6-1 驱动电机总成（三合一）的参数

前驱动电机总成(三合一)	B 状态	前驱动电机总成(三合一)	B 状态
电动机型号（类型）	BYD-1814TZ-XS-B（永磁同步）	理论峰值功率/kW（持续时间/s）	100/30
		峰值转矩/N·m（持续时间/s）	180/30
电机控制器型号	VCM1420B50-A	持续功率/kW（转矩/N·m）	35/70
额定工作电压/V	394.2	最大转速/(r/min)	12100
工作电压范围/V	220~510	变速器型号（速比）	BYDNT18-1(10.7)

驱动电机系统主要实现如下功能：
1）网络通信和监控。
2）转矩解析，实现整车驱动，控制电动机驱动（怠速、加速等）。
3）保证制动优先，实现制动能量回收。
4）控制电动机反转，实现倒车。
5）电动机转速、位置及工作温度的测量。
6）系统安全管理及系统保护。
7）实现预充电。

三、电机控制器的功能

电机控制器是控制电动机驱动整车行驶的控制单元，属于电动汽车核心零部件。电机控制器具有CAN通信、过电流保护、过载保护、欠电压保护、过电压保护、缺相保护、能量回馈、限功率、高压互锁、故障上报等功能。电机控制器技术目前比较成熟，它具有集成度高、功率密度高、寿命长、输出稳定等特点。电机控制器（FMCU）的作用是把充配电总成分配过来的高压直流电整流转换成三相交流电给驱动电机工作。

电机控制器具有IGBT结温估算、变载频和过调制技术，系统效率高、动力强、可靠性高，具有CAN唤醒和休眠功能，能降低静态功耗，避免蓄电池亏电。电机控制器具有制动回馈功能，当整车制动时，电机控制器通过制动回馈将电能存在动力电池中，提高续航里程。电机控制器具有防溜坡功能，若制动踏板向加速踏板切换的过程中，车辆发生后溜，电机控制器会进入防溜坡状态，自动调整转矩输出，克服车辆因重力引起的后溜。

电机控制器还具有定速巡航功能，即在不踩加速踏板的情况下，电机控制器输出转矩自动按照VCU设定车速设置，保持车辆以固定的速度行驶，以节省驾驶人体力，提高驾驶体验；怠速功能，可实现汽车的蠕行功能，该功能是根据电动机转速合理地输出转矩，使得电动机转速维持在一个较小的转速区间；防抖功能，可以根据客户的需求增加整车防抖功能，保证车辆的舒适性；主动放电功能，即整车停止运行且动力电池与电机控制器断开以后，电机控制器具有将母线电容器上的电荷释放的功能，使线电压降低至人体安全电压。

电机控制器工作温度范围是-40~85℃，其中65℃以上时电机控制器就会限制功率输出。电机控制器在相对湿度不超过95%的情况下能正常工作，其表面温度低于0℃的情况下，即使表面产生冷凝也能安全工作。其在海拔3000m以下可以正常工作，其防尘防水等级为IP67。

电机控制器的稳定性决定了整车操作稳定性、动力性、可靠性、安全性，所以在电机控制器的选型设计时一定要考虑安装空间合理性、输出功率充足性、电流曲线合理性、制动能量回馈平滑性。

1. 2019 款比亚迪 e5 电机控制器外部结构

2019 款比亚迪 e5 的电机控制器采用的型号是 VCM1420B50-A，其额定工作电压（直流）为 394.2V，工作电压范围是 220~510V。其外部连接件主要有从充配电总成过来的直流高压主母线、冷却液管（进液端链接着充配电总成冷却液管道的出液端，而电机控制器的出液端则连接着驱动电机的进液端）、14pin 低压线束插头。2019 款比亚迪 e5 电机控制器外部结构如图 6-5 所示。

2019 款比亚迪 e5 电机控制器

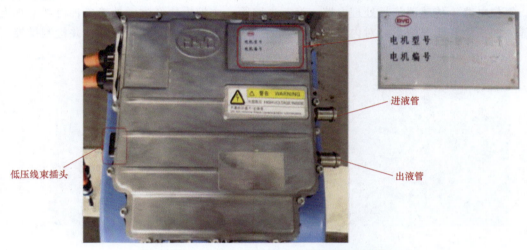

图 6-5　2019 款比亚迪 e5 电机控制器外部结构

2. 2019 款比亚迪 e5 电机控制器内部结构

2019 款比亚迪 e5 电机控制器内部结构如图 6-6 所示，主要由电机控制器主控板、预充电容、扼流圈、电流传感器、IGBT 功率驱动板、IGBT 模块等组成。

2019 款比亚迪 e5 电机控制器的拆装

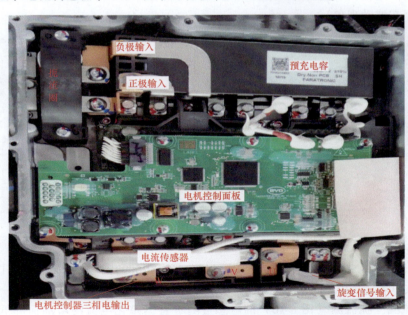

图 6-6　2019 款比亚迪 e5 电机控制器内部结构

（1）电机控制器主控板　电机控制器主控板（图6-7）在整个电机控制器的上层，其外端插接器主要有4个（图6-7中的A、B、C、D处）。A处插接器主要连接着电流传感器线束（4条）、电机温度传感器线束（2条）和旋转变压器的线束（6条）；B处插接器连接着预充电容的电压采集线，一正一负（红正黑负），同时也连接着集成的主动泄放模块；C处插接器主要连接下层的IGBT功率驱动板的一些控制线束；D处则是整个电机控制器对外输出的低压线束插头。主控板就是整个电机控制器的中心操控模块，包含了PWM波生成电路、复位电路、传感器信号处理电路、交互电路等。主控模块经过对外接口，得到整车上其他部件的指令和状况信息；对内，把翻译过的指令传递给逆变器驱动电路，并检测操控。

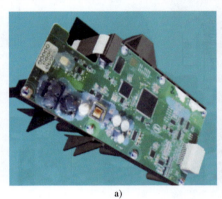

a)　　　　　　　　　　　　b)

图6-7　电机控制器主控板

（2）预充电容　预充电容是新能源汽车高压上电过程中预充电环节里重要的零部件，如图6-8所示。该电容与动力电池包并联，作为补充电源，可在瞬间高负载情况下，提供大电流，提高高压电输出的能力；另一方面它也具有滤波的作用，能稳定电压的输出（充电时电压可能存在波动现象）。

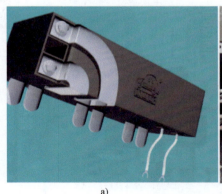

a)　　　　　　　　　　　　b)

图6-8　预充电容

2019款比亚迪e5的预充电容型号为C362H457K200978，规格是500V DC、450μF±10%，实测该电容为430.5μF，预充电容的规格与测量如图6-9所示。

（3）扼流圈　扼流圈（图6-10）的电感量随着直流磁化电流的增加而降低，这是由于随着直流磁化电流的增大，铁心越来越达到饱和状态。在扼流圈铁心磁路中引入非磁性间隙

图 6-9　预充电容的规格与测量

可以减小电感随着直流磁化电流增大而产生的下降量，对应于给定的直流磁化电流，具有一个最佳的非磁性间隙，相应于这个最佳间隙，电源滤波扼流圈可以获得最大的电感值，从而减小电路电磁干扰。扼流圈装在电机控制器的直流高压输入端。

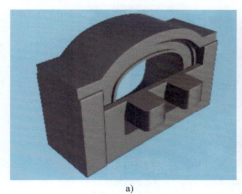

图 6-10　扼流圈

（4）电流传感器　电流传感器是一种检测装置，能感受到被测电流的信息，并能将检测感受到的信息，按一定规律变换成为符合一定标准需要的电信号或其他所需形式的信息输出，以满足信息的传输、处理、存储、显示、记录和控制等要求。

电流传感器依据测量原理不同，主要可分为分流器、电磁式电流互感器、电子式电流互感器等。汽车上主要使用的是电子式电流互感器，包括霍尔电流传感器、罗柯夫斯基电流传感器及专用于变频电量测量的变频功率传感器（可用于电压、电流和功率测量）等。而新能源汽车上使用最多的是霍尔电流传感器。

2019 款比亚迪 e5 电机控制器内部的电流传感器如图 6-11 所示，其主要检测电机控制器三相输出的电流，从而计算电机控制器输出的功率。

（5）IGBT 功率驱动板　IGBT 功率驱动板的作用主要是将单片机脉冲输出的功率进行放大，以达到驱动 IGBT 功率器件的目的。在保证 IGBT 器件可靠、稳定、安全工作的方面，IGBT 功率驱动板起到至关重要的作用。IGBT 功率驱动板把控制器输出的电平信号，变换成能够可靠驱动 IGBT 的信号，另外，它还有隔离、保护的作用。2019 款比亚迪 e5 的 IGBT 功

 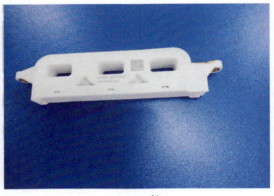

a)   b)

图 6-11　2019 款比亚迪 e5 电机控制器内部的电流传感器

率驱动板（图 6-12）位于主控板的下方，它通过一个变压器来实现高压侧和低压侧的隔离，采用了 6 片独立的驱动芯片，对每个 IGBT 的上管和下管进行驱动。

图 6-12　2019 款比亚迪 e5 的 IGBT 功率驱动板

（6）IGBT 模块　IGBT 模块是由绝缘栅双极晶体管（IGBT）与续流二极管（FWD）通过特定的电路桥接封装而成的模块化半导体产品。封装后的 IGBT 模块直接应用于变频器、UPS 不间断电源（UPS）等设备上。IGBT 模块具有节能、安装维修方便、散热稳定等特点。

2019 款比亚迪 e5 电机控制器内部的 IGBT 模块由三大块组成（图 6-13），其控制采用了三级分立的 IGBT 模块来完成工作，依靠上层的驱动板来进行驱动。它们夹在铝制散热板与驱动板之间，可以说是紧贴在铝制散热板上，而铝制散热板则紧贴在冷却液道的上方，对 IGBT 模块进行散热。

电机控制系统的变频调速系统通常使用三相桥式逆变电路。这种电路通常包括 6 个 IGBT 模块，形成三相桥式可控整流电路，并且同时与三相桥式二极管整流电路反向并联。其中，可控整流电路通过控制端实现直流到交流的逆变，不可控电路为感性负载电流提供续流

图 6-13　2019 款比亚迪 e5 电机控制器内部 IGBT 模块

回路，完成无功能量的续流或者反馈。因此，二极管在此处也称为续流二极管或者反馈二极管。常见的逆变电路如图 6-14 所示。

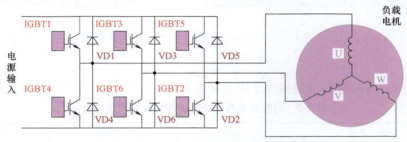

图 6-14　常见的逆变电路

3. 2019 款比亚迪 e5 电机控制器内部高压分布（图 6-15）

图 6-15　2019 款比亚迪 e5 电机控制器内部高压分布

直流高压经扼流圈进来后到预充电容的"+、-"极，如图 6-15 所示，直流高压进入了预充电容后分成四路的"+、-"输出，其中一路的"+、-"为预充电容预充后的电压采集线束，它直接连接到电机控制器的主控板，这一路还具有主动泄放功能；剩下的三路"+、

新能源汽车驱动系统

—"分别是3个IGBT模块的直流高压输入,经过IGBT模块处理与转换后分别对驱动电机的U、W、V输出三相交流电。

4. 2019款比亚迪e5电机控制器插接器

2019款比亚迪e5电机控制器插接器如图6-16所示,它是14pin低压插接器。

a) 　　　　　　　　　　　　b)

图6-16　2019款比亚迪e5电机控制器插接器

a) 插头　b) 线束端

电机控制器14pin低压插接器端子定义见表6-2。

表6-2　电机控制器14pin低压插接器端子定义

引脚号	端口名称	端口定义	线束接法	信号类型
1	12V电源搭铁	DND-IN	车身搭铁	
2	空脚			
3	CAN-H2	预留CAN		
4	CAN-L2	预留CAN		
5	碰撞信号	CRASH-IN	气囊BCU	PWM
6	12V电源搭铁	DND-IN	车身搭铁	
7	空脚			
8	碰撞信号搭铁	EARTH-1		
9	CAN-H	CAN-H	动力网	CAN
10	12V电源正	+12V	熔丝F1-18	
11	12V电源正	+12V	熔丝F1-18	
12	空脚			
13	CAN屏蔽线搭铁	EARTH		
14	CAN-L	CAN-L	动力网	CAN

四、2019款比亚迪e5永磁同步电动机

2019款比亚迪e5的驱动电机是峰值功率为100kW的永磁同步电动机,其峰值转矩可达

180N·m，最大转速可达 12100r/min。永磁同步电动机结构简单、体积小、质量小、损耗小、效率高，和直流电动机相比，它没有直流电动机的换向器和电刷等结构；和异步电动机相比，它由于不需要无功励磁电流，因而效率高、功率因数高、力矩惯量比大、定子电流和定子电阻损耗小、转子参数可测、控制性能好，但它与异步电动机相比，也有成本高、起动困难等缺点；和普通同步电动机相比，它省去了励磁装置，简化了结构，提高了效率。永磁同步电动机矢量控制系统能够实现高精度、高动态性能、大范围的调速或定位控制，因此永磁同步电动机在纯电动汽车上的应用越来越广泛了。比亚迪的电动汽车现在使用的电动机为交流无刷永磁同步电动机，当车辆要行驶时，旋转变压器检测到电动机的位置，位置信号通过控制器的处理，发送相关信号给控制器 IGBT，逻辑信号控制 IGBT 开断，控制器输出近似正弦波的交流电。

驱动电机的位置如图 6-17 所示。

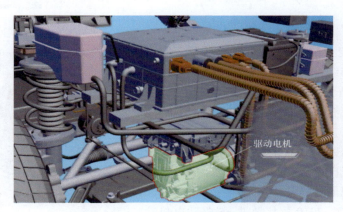

图 6-17　驱动电机的位置

1. 2019 款比亚迪 e5 驱动电机的工作参数

驱动电机的作用是根据驾驶人的意愿运转工作，在 D 档时加速行驶或减速制动时，在 R 档时倒车等。2019 款比亚迪 e5 驱动电机的工作参数见表 6-3。

表 6-3　2019 款比亚迪 e5 驱动电机的工作参数

性能指标名称	参数	性能指标名称	参数
电动机最大输出转矩/Nm	180	电动机额定功率/kW	35
电动机额定转矩/Nm	70	电动机最大输出转速/(r/min)	12100
电动机最大输入功率/kW	100	电动机总成质量/kg	65

2. 2019 款比亚迪 e5 驱动电机的组成

2019 款比亚迪 e5 驱动电机为永磁同步电动机，其主要由转子、定子、冷却液道、旋转变压器等组成（图 6-18）。

（1）转子　转子的结构如图 6-19 所示，永磁同步电动机与普通异步电动机的不同是转子结构不同，其转子上安装有永磁体磁极，分别有 N 极与 S 极相间镶在转子上，永磁体转子铁心仍用硅钢片叠成。

转子作用：转子内部有永磁体，当三相线通电时，产生的旋转磁场带动永

2019 款比亚迪 e5 驱动电机的结构与原理

磁转子同步转动，转子转动产生力矩带动整个动力系统运转。

图 6-18　永磁同步电动机的组成

图 6-19　转子的结构

（2）定子　定子的结构如图 6-20 所示，定子主要由定子铁心和绕组组成。

定子作用：定子铁心的作用是嵌放定子绕组。在定子铁心内圆上有许多形状相同的半开口槽。定子绕组由高强度漆包铜线绕成，嵌放入槽内。定子绕组是电动机的电路部分，其主要作用是产生感应电动势，通过电流产生旋转的磁场带动永磁转子旋转产生力矩，实现能量的转换。

（3）冷却液道　2019 款比亚迪 e5 驱动电机冷却液道的结构如图 6-21 所示，冷却液道是蛇形盘绕在定子外壳上。

图 6-20　定子的结构

a)

b)

2019 款比亚迪 e5 驱动系统的冷却系统

图 6-21　2019 款比亚迪 e5 驱动电机冷却液道的结构

冷却液道作用：给电动机的定子绕组散热。

（4）旋转变压器　比亚迪 e5（3+3）的 100kW 永磁同步电动机内部也是采用旋转变压

器（简称旋变）进行电动机工作状况的监测，其位置在驱动电机的后端，如图6-22所示。

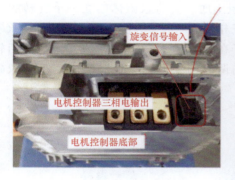

图6-22　2019款比亚迪e5旋转变压器的位置

1) 旋转变压器的结构。2019款比亚迪旋转变压器的结构如6-23所示，其主要由旋变定子和旋变转子组成，旋转变压器是一种输出电压随转子转角变化而变化的信号元件。当励磁绕组以一定频率的交流电压励磁时，输出绕组的电压幅值与转子转角成正、余弦函数关系，这种旋转变压器又称为正余弦旋转变压器。传感器线圈（励磁、正弦、余弦三组线圈）固定在壳体上，信号线圈固定在转子上。

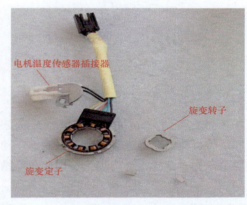

图6-23　2019款比亚迪e5旋转变压器的结构

2) 旋转变压器的功用。旋转变压器用于检测驱动电机转子的位置和速度，它是依据电磁感应原理，利用气隙变化和磁阻变化，而使输出绕组的感生电压随机械转角变化作相应正弦或余弦变化的角度传感元件。

3) 旋转变压器的工作原理。旋转变压器的工作原理前文已述。

由于旋转变压器在结构上保证了其定子和转子（旋转一周）之间空气间隙内磁通分布符合正弦规律，因此，当励磁电压加到定子绕组上时，通过电磁耦合，转子绕组便产生感应动电势。旋转变压器的工作原理如图6-24所示。

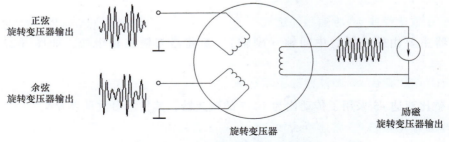

图6-24　旋转变压器的工作原理

3. 2019 款比亚迪 e5 驱动电机的工作原理

三相正弦电压（120°相移）施加在线圈绕组上时，会与永磁体建立一个旋转的磁场并产生旋转力矩，驱动永磁体旋转，即线圈接通三相交流电源，并产生旋转磁场带动永磁体转子转动。旋转磁场与永磁体转子同步转动。转子在旋转磁场作用下不停地旋转，最后转子和定子频率相同，因此称为同步，电动机的转速由调节三相电源的电机控制器控制。永磁同步电动机工作原理如图 6-25 所示。

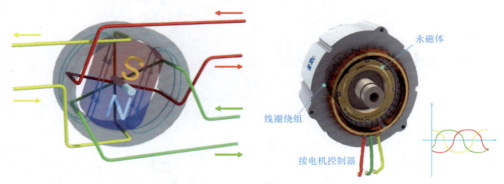

图 6-25 永磁同步电动机工作原理

五、2019 款比亚迪 e5 减速器

2019 款比亚迪 e5 减速器采用单档无级变速器，其整体结构如图 6-26 所示。通过电动机的正转和反转可使汽车前进和倒退，电动汽车动力直接由电动机传给减速器，减速器将动力直接传给两个车轮，减少了动力损失，因此具有结构简单、易于制作、生产成本低的优点。

图 6-26 2019 款比亚迪 e5 减速器整体结构

2019 款比亚迪 e5 减速器的结构与原理

2019 款比亚迪 e5 动力总成的拆装

1. 2019 款比亚迪 e5 减速器的组成

减速器主要由输入轴、中间轴（副轴）、差速器与输出轴组成，如图 6-27 所示。

2. 2019 款比亚迪 e5 减速器的技术参数

2019 款比亚迪 e5 采用了传动比为 10.7 的减速器，其技术参数见表 6-4。

3. 2019 款比亚迪 e5 减速器的加油口、放油口和排气口

2019 款比亚迪 e5 前驱减速器采用浸油润滑方式，使用道达尔 API GL-4 齿轮油。减速器

的加油口与放油口如图 6-28 所示。减速器的排气口如图 6-29 所示。

图 6-27 减速器的组成

表 6-4 2019 款比亚迪 e5 减速器的技术参数

传动比	输入功率/kW	输入转速/(r/min)	最大输入转矩/Nm	最大输入转矩转速/(r/min)
10.7	70	0~12100	180	3714

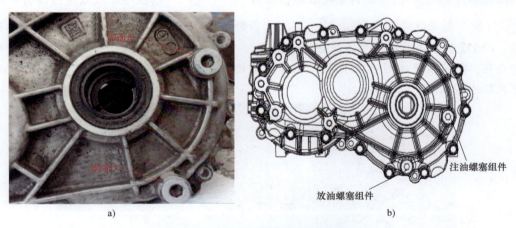

图 6-28 减速器的加油口与放油口

图 6-29 减速器的排气口

4. 2019 款比亚迪 e5 减速器的维护

对 2019 款比亚迪 e5 前驱电动总成减速器进行维护时，要按以下步骤进行：

1）分别打开放、注油螺塞组件，将箱体内的齿轮油排放干净，同时检查放油螺塞组件和 O 形圈是否完好，如果已损坏，应更换完好的零件。

2）等齿轮油放完后，旋紧放油螺塞组件，拧紧力矩为 47~53Nm。

3）从注油孔中加注 0.75~0.85L 道达尔 API GL-4 齿轮油，观察是否有渗漏现象，如果有渗漏，将相应部位拆开，重新进行密封处理；旋紧注油螺塞组件，拧紧力矩为 35~39Nm。

减速器的拆分与维修须返厂，由厂家进行拆分和维修。维修后由厂家清洗并组装，待密封胶完全凝固之后，由加油口向箱体内注入润滑油，至油液与加油口底面齐平，并将通气管组件、注油螺塞组件固定于减速器箱体上。将减速器箱体静置，观察是否有润滑油渗漏，如果有渗漏，应将相应部位拆开，重新进行密封处理。

【技能训练】

2019 款比亚迪 e5 驱动系统故障诊断与排除

1. 确认故障及初检

车辆进厂后，机电维修技师对车辆进行故障确认。操作起动按钮后发现仪表板出现相应的故障指示灯："⚠"（动力系统故障指示灯）、""（电机冷却液温度过高警告灯）、""（驻车制动故障警告灯）、""（主告警指示灯）点亮；仪表板同时出现故障提示信息："请检查动力系统""请检查制动系统""请检查电子驻车系统"，其中包括"OK"灯未点亮，故障现象如图 6-30 所示。由以上故障现象可初步确认整车高压上电没有完成，高压系统出现故障。

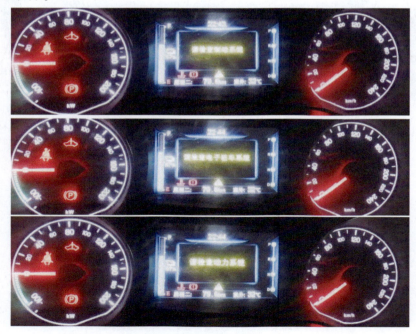

图 6-30 故障现象

技师通过对客户的询问，从客户那里获取了故障产生相应的时间、地点等信息并参考维修手册检查了车辆无法起动故障的可疑部位，然后通过对车辆初步的检查以及诊断、分析，基本确定该车无法起动的故障是由动力驱动系统故障导致的。

确认故障后，通过电路图，找到相关部件的插接器，检查插接器是否插接稳固，外观是否有损坏等。经过检查，并未发现异常。部件外观及插接器检查如图 6-31 所示。

a)　　　　b)

图 6-31　部件外观及插接器检查

2. 读取车辆故障码及数据流

起动车辆，利用诊断仪读取车辆故障码和数据流。车辆扫描结果如图 6-32 所示。

MaxiSys　　**车辆诊断报告**　　AUTEL®

车辆信息

比亚迪　E5出行版

VIN:　　行驶里程:

诊断时间: 2020/07/19 09:00　　诊断路径: 手动选择车型 > E5 > E5出行版 > 诊断 > 自动扫描 >

自动扫描

1	动力网-电池管理系统_400	通过 | 无故障
2	ESC网-车轮防抱死系统	通过 | 无故障
3	舒适网-安全气囊	通过 | 无故障
4	舒适网-组合仪表	故障 |1
5	ESC网-(萨克)电子驻车系统	故障 |1
6	起动网-车身控制器	故障 |1
7	起动网-转向轴锁	-|-
8	起动网-智能钥匙	通过 | 无故障
9	ESC网-助力转向	故障 |1
10	动力网-电池采集器	通过 | 无故障
11	动力网-DC/DC总成	通过 | 无故障
12	动力网-档位控制器	故障 |1
13	动力网-漏电传感器	通过 | 无故障
14	动力网-车载充电机_7kW	故障 |1
15	舒适网-4G通信模组	通过 | 无故障
16	舒适网-空调控制器	通过 | 无故障
17	舒适网-空调压缩机控制器	通过 | 无故障
18	舒适网-空调控制面板	通过 | 无故障
19	舒适网-组合开关	故障 |1
20	舒适网-车门多路控制器	通过 | 无故障
21	舒适网-多功能屏	通过 | 无故障
22	舒适网-空调水加热器	通过 | 无故障
23	舒适网-收音机	通过 | 无故障
24	舒适网-发动机音模拟器	故障 |1
25	网关模块-网关	通过 | 无故障

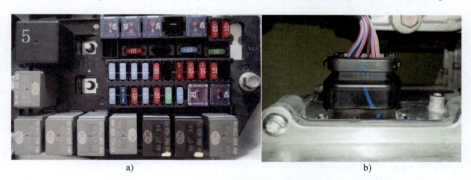

图 6-32　车辆扫描结果

调取车辆部分系统的故障码，如图 6-33 所示。如 UO15987（与 VTOG 丢失通信）、U011087（与电机控制模块失去通信）、U011000（与电机控制器通信故障）。

图 6-33　车辆部分系统的故障码

调取车辆部分系统数据流，如图 6-34 所示。

还可以通过读取故障的冻结帧来分析故障产生时车辆的相关数据，这样能更好地对故障进行诊断与排除。

3. 故障分析

从车辆扫描结果看，整车控制器和电机控制器没有显示在车辆扫描结果中，且通过调取故障码发现，故障码指示系统与电机控制器失去通信。"OK"灯未点亮，说明系统高压电不上电，数据流显示车辆接触器处于断开状态。通过以上分析可初步判断为电机控制器本身、电路或者车辆网络系统故障导致车辆无法与电机控制器进行通信。

图 6-34　车辆部分系统数据流

4. 故障排除

起动车辆，根据如图 6-35 所示的电机控制器电路图，从熔断器盒中找到 F1-18 熔丝。

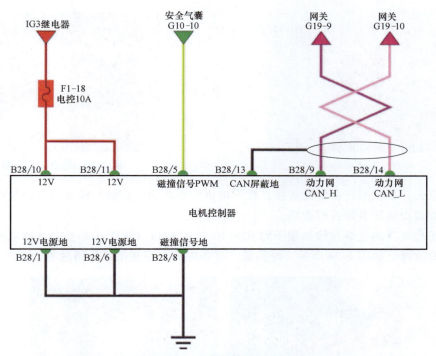

图 6-35　电机控制器电路图

利用万用表测量熔丝两端电压，如图 6-36 所示。经测量发现熔丝一端有电压，一端没有电压，异常。

图 6-36　测量熔丝两端电压
a）异常　b）正常

拔下熔丝，检查其外观，发现熔丝有烧损现象（图 6-37）。为确保故障诊断的准确性，检查熔丝的电阻值，其电阻为无穷大（图 6-38）。通过观察，熔丝处于烧断状态，且断开位置开口较大，周围有黑色污渍，判断属于瞬间短路造成。

熔丝烧损，说明电路上有短路现象，不能更换新的熔丝，应对电路进行短路检查，确认故障原因后再更换熔丝。

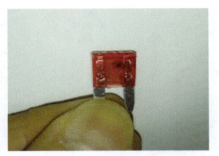 

图 6-37　检查熔丝外观　　　　　图 6-38　检查熔丝电阻

关闭点火开关,断开蓄电池负极,拆下电机控制器的插接器。检查电机控制器插接器的外观是否有破损或线束是否有破损。

无上述现象再测量熔丝输出端子到 B28/10 和 B28/11（见图 6-35）之间的电路是否存在搭铁短路的故障,如图 6-39 所示,经测量,这条电路上存在搭铁短路现象。

图 6-39　测量电路是否搭铁短路

对电路进行修复后,重新连接部件,故障排除,车辆恢复正常。

在进行故障排除时应从故障现象、故障码、数据流及冻结帧数据入手,对故障进行确认、分析,缩小故障范围,再根据故障诊断流程对故障涉及的电路、部件进行逐一检查,确定导致故障产生的原因并排除故障。

【任务总结】

1. 比亚迪 e 平台把驱动电机、电机控制器和变速器三个部件合为一体,减少了部件间的复杂连接,减少了线束的数量,从而让汽车整体的结构更加紧凑、体积更小、质量更小、成本大幅度降低。

2. 2019 款比亚迪 e5 的电机控制器采用的型号是 VCM1420B50-A,其额定工作电压（直流）为 394.2V,工作电压范围是 220~510V。

3. 预充电容是新能源汽车高压上电过程中预充电环节里重要的零部件,该电容与动力电池包并联,作为补充电源,可在瞬间高负载情况下,提供大电流,提高高压电输出的能力;另一方面它也具有滤波的作用,能稳定电压的输出（充电时电压可能存在波动现象）。

4. 电流传感器是一种检测装置,能感受到被测电流的信息,并能将检测感受到的信息,按一定规律变换成为符合一定标准需要的电信号或其他所需形式的信息输出,以满足信息的传输、处理、存储、显示、记录和控制等要求。

5. 2019 款比亚迪 e5 的驱动电机是峰值功率为 100kW 的永磁同步电动机，其峰值转矩可达 180Nm，最大转速可达 12100r/min。永磁同步电动机结构简单、体积小、质量小、损耗小、效率高。

6. 永磁同步电动机的原理就是三相正弦电压（120°相移）施加在线圈绕组上时，会与永磁体建立一个旋转的磁场并产生旋转力矩，驱动永磁铁旋转，即线圈接通三相交流电源，并产生旋转磁场带动永磁体转子转动。旋转磁场与永磁体转子同步转动。转子在旋转磁场作用下不停地旋转，最后转子和定子频率相同，因此称为同步，电动机的转速由调节三相电源的电机控制器控制。

【实训工单】

实训工单 1 驱动系统故障诊断与排除

车型	比亚迪电动汽车	工具	比亚迪 VDS2000 诊断仪、数字万用表
时间	90min		

具体实施如下：
1. 利用比亚迪 VDS1000 诊断仪读取故障码和数据流
1）记录故障现象：

2）记录故障码或数据流：

2. 写出操作步骤

3. 分析故障原因

4. 写出故障排除思路

实训工单 2　驱动总成的拆装

车型	比亚迪电动汽车	工具	比亚迪 VDS1000 诊断仪、数字万用表
时间	90min		

具体实施如下：

1. 写出驱动总成的拆装操作步骤

2. 写出拆卸电机控制器、拆卸驱动电机、拆卸减速器的操作步骤

3. 写出装配电机控制器、拆卸驱动电机、拆卸减速器的操作步骤

4. 写出驱动总成拆装的注意事项

任务 7　2019 款比亚迪 e5 整车控制器的故障诊断与排除

任务导入

2019 年李先生想买一辆纯电动汽车,他不知道电动汽车的加速踏板是怎样控制电动机运转的,因此想去了解这方面的知识,即电动汽车与传统汽车的加速踏板有何区别。请你为李先生讲解一下相关知识。

任务目标

1. 了解比亚迪 e5 整车控制器的作用。
2. 熟悉比亚迪 e5 整车控制器的组成框架。
3. 熟悉加速踏板深度传感器的作用及工作原理。
4. 熟悉制动踏板深度传感器的作用及工作原理。
5. 熟悉制动真空泵的作用及工作原理。
6. 熟悉制动真空压力传感器的作用及工作原理。

【任务知识】

一、2019 款比亚迪 e5 整车控制器概述

整车控制器（VCU）对新能源汽车动力链的各个环节进行管理、协调和监控,以提高整车能量利用效率,确保整车安全性和可靠性。整车控制器采集驾驶人的驾驶信号,比亚迪 e5 的整车控制器主要接收加速踏板信号、制动踏板信号、真空压力传感器信号,通过 CAN 总线获得电动机和蓄电池系统的相关信息,进行分析和运算,通过 CAN 总线给出电动机控制和蓄电池管理指令,实现整车驱动控制、能量优化控制和制动回馈控制。整车控制器还具有组合仪表接口功能,可显示整车状态信息;具备完善的故障诊断和处理功能;具有整车网关及网络管理功能;能控制无级风扇的工作与制动真空助力泵的工作。整车控制器的组成框架如图 7-1 所示。

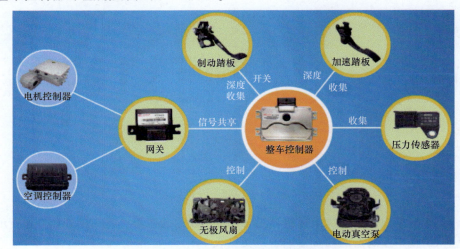

图 7-1　整车控制器的组成框架

比亚迪 e5 整车控制器的位置在副驾驶席的座椅底下，如图 7-2 所示。

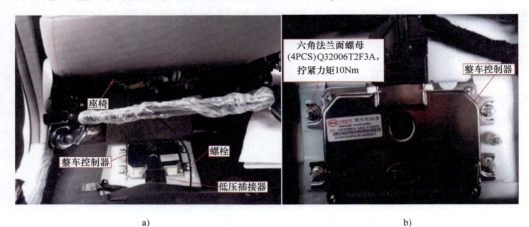

图 7-2　比亚迪 e5 整车控制器的位置

二、整车控制器插接器

整车控制器的电路简图如图 7-3 所示。比亚迪 e5 的整车控制器的接收信号主要有加速踏板信号、制动踏板信号、真空压力传感器信号；控制信号主要有无级风扇控制信号和真空泵继电器控制信号。

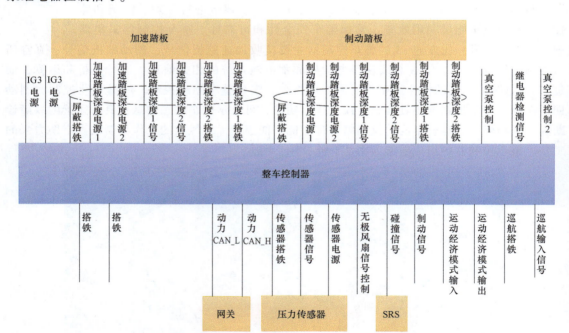

图 7-3　整车控制器的电路简图

比亚迪 e5 整车控制器的线束插接器是一个 64pin 的插接器，其结构如图 7-4 所示。比亚迪 e5 整车控制器的插接器端子定义见表 7-1。

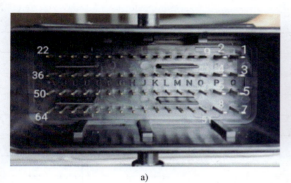 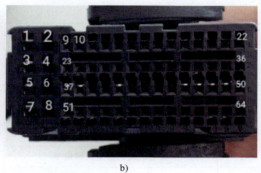

a)　　　　　　　　　　　　　　　b)

图 7-4　整车控制器的线束插接器结构

表 7-1　比亚迪 e5 整车控制器的插接器端子定义

引脚号	引脚定义	线束接法	信号类型	备注
1	+12V 电源	F1-18	电压	
2	空脚			
3	+12V 电源	F1-18	电压	
4	空脚			
5	电源搭铁		GND	
6	空脚			
7	电源搭铁		GND	
8	空脚			
9	制动踏板深度电源 2		+5V	
10	制动踏板深度电源 1		+5V	
11	真空压力传感器电源		+5V	
12—14	空脚			
15	制动开关信号			
16	回馈切换按键(预留)			
17	真空泵继电器检测信号			
18	经济/运动模式输入	开关组	低电平(<1V)	
19	无级风扇信号控制/回检		PWM 信号	
20	动力网 CAN 屏蔽搭铁			
21	动力网 CAN-H	接动力网		
22	动力网 CAN-L	接动力网		
23	加速踏板深度电源 1		+5V	
24	加速踏板深度电源 2		+5V	
25—29	空脚			
30	水泵继电器控制信号(预留)			
31	经济运动模式输出(预留)			
32	空脚			

(续)

引脚号	引脚定义	线束接法	信号类型	备注
33	碰撞信号		PWM 信号	
34—36	空脚			
37	加速踏板深度 1 电源搭铁		GND	
38	加速踏板深度 2 电源搭铁		GND	
39—40	空脚			
41	真空泵继电器 1 控制信号			
42—45	空脚			
46	真空压力传感器信号			
47	加速踏板深度屏蔽搭铁			
48	加速踏板深度 2 信号		0~5V 模拟信号	
49	制动踏板深度 2 信号		0~5V 模拟信号	
50	制动踏板深度 1 信号		0~5V 模拟信号	
51	制动踏板深度 2 电源搭铁		GND	
52	制动踏板深度 1 电源搭铁		GND	
53	真空压力传感器搭铁		GND	
54	空脚			
55	真空泵继电器 2 控制信号			
56—59	空脚			
60	巡航信号（预留）		模拟信号	
61	巡航信号搭铁（预留）		GND	
62	加速踏板深度 1 信号		0~5V 模拟信号	
63	制动踏板深度屏蔽搭铁			
64	空脚			

三、加速踏板深度传感器

电动汽车上的加速踏板如图 7-5 所示，其本质是一个传感器，传递的信息是驾驶人的驾驶意图。驾驶意图包括想要得到什么样的速度和想要得到什么样的加速度两个方面。

为了模仿传统燃油汽车的感觉，加速踏板的每一次踏压发生的角度变化，都被理解成驾驶人想要从现在的车辆运行速度基础上，还要继续提高的那部分速度，跟加速踏板保持一致。

图 7-5　电动汽车上的加速踏板

电子加速踏板俗称"油门"。电子加速踏板就是通过位置传感器，传送踩踏深浅与快慢的信号，从而实现加速功能的电子控制装置。这个信号会被 VCU 接收和解读，然后 VCU 再发出控制指令，控制电动机转动。

加速踏板深度传感器根据工作原理的不同，分为电位计式和霍尔式，如图 7-6 所示。其中第一种又称接触式，第二种又称非接触式。比较而言，非接触式传感器寿命长、可靠性高、准确性好，是当前应用的主流。

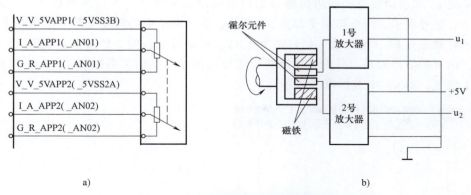

图 7-6　加速踏板深度传感器的类型
a）电位计式　b）霍尔式

电位计式：加速踏板以分压电路原理工作，ECU 供给传感器电路 5V 电压，电子加速踏板通过转轴与传感器内部的滑动变阻器的电刷连接，加速踏板深度传感器的位置改变时，电刷与搭铁端电压发生改变，ECU 将该电压变成加速踏板的位置信号，ECU 通过监测踏板内部的滑动电阻，保证输出信号的可靠性。

霍尔式：为保证其信号的可靠性，两个电位器的控制电路完全独立，即采用各自独立的电源端子、搭铁端子和信号端子，因此加速踏板深度传感器通常有 6 个接线端子。整车控制单元通过加速踏板深度传感器的两个深度信号，不但可获知加速踏板的位置，还能对该传感器进行故障监测，一旦发现两个信号电压值与标准不符，即判定该传感器有故障，立即启动失效保护模式，按"未踩踏板"来进行控制。

比亚迪 e5 的加速踏板深度传感器采用的是霍尔式的，其插接器如图 7-7 所示。

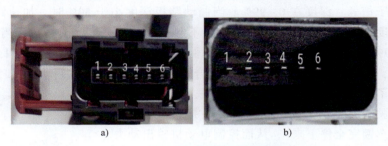

图 7-7　加速踏板深度传感器插接器

加速踏板深度传感器插接器端子定义及对应静态下的电压见表 7-2。

表 7-2　加速踏板深度传感器插接器端子定义及对应静态下的电压

序号	1	2	3	4	5	6
端子定义	深度 2 信号	深度 2 电源	深度 1 电源	深度 1 信号	深度 1 搭铁线	深度 2 搭铁线
静态下的电压/V	0.4	5	5	0.8	0	0

由表 7-2 得知比亚迪 e5 的加速踏板深度传感器里，1/2/6 为一组传感器，3/4/5 为一组

传感器。

加速踏板深度传感器的电路如图7-8所示。

比亚迪e5加速踏板里的两组传感器的控制电路完全独立，各自采用独立的电源端子、搭铁端子、信号端子。两电源端子都是5V电源，信号端子中的深度1信号电压在未踩下加速踏板的时候是0.8V，而深度2信号则为0.4V，两信号电压为2倍关系。在踩下加速踏板的时候，两者的信号都是上升的，加速踏板信号电压与深度的关系如图7-9所示（BK49-62为深度1信号，BK49-48为深度2信号）。

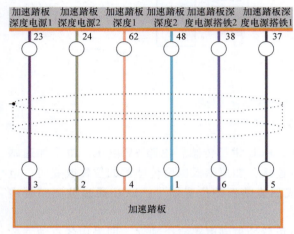

图7-8　加速踏板深度传感器的电路

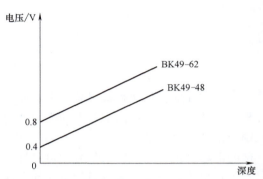

图7-9　加速踏板信号电压与深度的关系

四、制动踏板深度传感器

电动汽车上的制动踏板深度传感器的作用主要是用来监控制动踏板的位置行程，以制动踏板的深度大小来控制对电动机电压或电流的输出以及控制制动能量回收。其信号与加速踏板信号都是电子信号，深度在0~99%。当制动踏板深度小于50%时，加速踏板不受限制；当制动踏板深度大于70%时，加速踏板完全不起作用，不会有动力输出；当制动踏板深度介于50%与70%之间时，加速踏板作用按比例衰减。总的来说，电动汽车采用了制动踏板深度传感器后，电机控制器与电动机运行配合紧密，而不至于踩住制动踏板时，电动机仍然输出动力。有了制动踏板深度传感器的信号，电机控制器将更加了解驾驶人真正的意图（了解驾驶人是想车辆慢慢运行、还是想车辆完全停下来），从而控制电动机输出动力的大小。制动踏板深度传感器还能有效配合电动机与电机控制器的能量回收工作。

比亚迪e5的制动踏板深度传感器在制动总成的侧边上，如图7-10所示。

比亚迪e5的制动踏板深度传感器插接器端子结构如图7-11所示，其中端子号3—6为空脚。

制动踏板深度传感器插接器端子定义与静态下对应电压值见表7-3。

图7-10　制动踏板深度传感器位置

模块三　2019款比亚迪e5驱动系统

图 7-11　制动踏板深度传感器插接器端子结构

表 7-3　制动踏板深度传感器插接器端子定义与静态下对应电压值

序号	1	2	7	8	9	10
端子定义	深度1信号	深度1电源	深度2电源	深度2信号	深度2搭铁线	深度1搭铁线
静态下的电压/V	0.8	5	5	4.2	0	0

由表 7-3 得知比亚迪 e5 的制动踏板深度传感器里 1/2/10 为一组传感器，7/8/9 为一组传感器。

制动踏板深度传感器的电路如图 7-12 所示。

比亚迪 e5 制动踏板里的两组传感器的控制电路完全独立，各自采用独立的电源端子、搭铁端子、信号端子。两电源端子都是 5V 电源，信号端子中的深度 1 信号电压在未踩下制动踏板的时候是 0.8V，而深度 2 信号则为 4.2V，两信号电压相加等于 5V。也就是说，踩下制动踏板的时候，一个信号上升，一个信号下降，制动踏板信号电压与深度的关系如图 7-13 所示（BK49-50 为深度 1 信号，BK49-49 为深度 2 信号）。

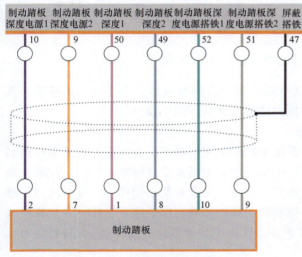

图 7-12　制动踏板深度传感器的电路

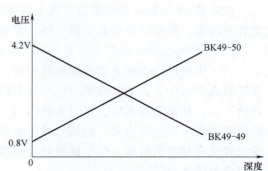

图 7-13　制动踏板信号电压与深度关系

五、电动汽车制动真空助力系统

1. 电动汽车制动真空助力概述

传统汽车的制动真空助力是由发动机的进气总管提供的，由于电动汽车上没有发动机的

109

真空，所以在制动系统上要增加一个真空泵进行助力，否则影响车辆的制动性能与行驶安全性。纯电动汽车电动真空助力制动控制系统主要包括：真空泵、真空储气罐、助力器主缸总成、制动踏板、制动油路、储油罐、压力传感器、真空助力制动控制装置。其中，压力传感器在真空储气罐上；助力器主缸总成与制动踏板形成连杆机构；助力器主缸总成与真空储气罐通过真空管路连通；真空储气罐与真空泵通过真空管路连通；真空助力制动控制装置与真空泵及压力传感器电连接，控制真空泵的开启与关闭。采用制动助力控制装置来控制真空泵的启动与关闭，可以保证制动真空助力控制系统中真空储气罐的真空压力，能有效保证纯电动汽车制动真空助力装置的灵敏度及可靠性，最大限度地保证了行车安全。

比亚迪 e5 的制动真空助力系统控制电路如图 7-14 所示。

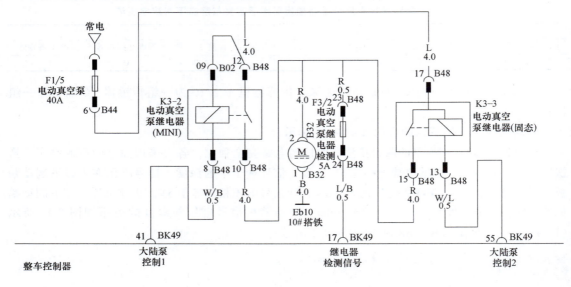

图 7-14 比亚迪 e5 的制动真空助力系统控制电路

比亚迪 e5 的制动真空助力系统主要由真空泵、两个散热继电器、真空压力传感器、真空管等组成，此系统没有真空储气罐，真空压力传感器直接作用于真空管上。

2. 电动汽车制动真空助力系统工作原理

其工作原理是当踩下制动踏板的时候，系统里的真空被消耗了，真空压力传感器检测到系统的真空减少了，把信号传给整车控制器，整车控制器控制真空泵继电器闭合，让真空泵开始工作，补充系统真空，而当系统的真空达到一定值，又没有制动动作时，真空压力传感器检测到系统真空度饱和，把信号传给整车控制器，从而控制真空泵停止工作。系统真空泄露或者没有真空的时候，制动踏板就很难踩下去，易造成制动事故。比亚迪 e5 制动助力系统组成如图 7-15 所示。

操作制动踏板时各个状态的工作过程见表 7-4。

3. 比亚迪 e5 真空泵

比亚迪 e5 纯电动汽车电动真空泵主要由泵体、电动机与控制单元等组成。它采用电动机直接驱动真空泵运转，一般安装在真空助力器附近，采用车载电源提供动力，有效地提高了整车的制动性能。比亚迪 e5 真空泵如图 7-16 所示。

模块三　2019款比亚迪e5驱动系统

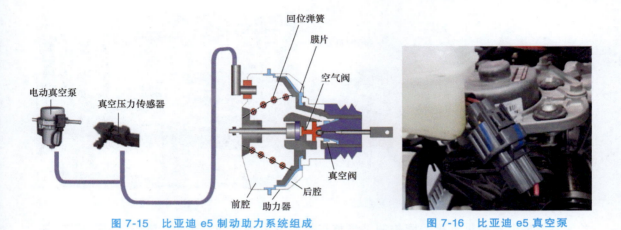

图7-15　比亚迪e5制动助力系统组成　　　　图7-16　比亚迪e5真空泵

表7-4　操作制动踏板时各个状态的工作过程

状态	工作过程
未踩下制动踏板时	空气阀封闭，后腔与大气之间隔闭，而真空阀打开，前腔与后腔之间连通，此时前腔和后腔的气压均等于进气管压力，膜片在回位弹簧作用下回位，电动真空泵不起作用
踩下制动踏板时	首先真空阀先封闭，前腔和后腔隔闭；之后空气阀打开，后腔与大气相通。压力差推动膜片移动，将驾驶人踩的力增大，实现助力作用
维持制动踏板时	当踩住制动踏板不动后，空气阀由打开变为封闭，后腔与大气隔闭，真空助力泵膜片既不能前进也不能后退，处于维持制动力状态

真空泵的类型包括膜片泵、叶片泵和摇摆活塞泵3个类型，如图7-17所示。

图7-17　真空泵的类型
a）膜片泵　b）叶片泵　c）摇摆活塞泵

海拉叶片式电动真空泵广泛使用于奥迪、大众、比亚迪等品牌的电动汽车上，该电动真空泵由电动机和叶片泵（叶片、转子及壳体等）组成，如图7-18所示。安装在转子上的叶片沿着泵室内壁滑动，该旋转运动不断改变叶片所包围的空间体积，空气由制动助力器通过制动系统的真空管道经真空泵吸入，封闭空间体积持续变化产生真空。

比亚迪e5纯电动汽车海拉叶片式电动真空泵起停条件：当车速<60km/h，真空度低于60kPa时，真空泵起动，到75kPa时停止工作；当车速≥60km/h，真空度低于70kPa时，真空泵起动，到75kPa时停止工作。

4. 比亚迪e5真空泵供电继电器

比亚迪e5真空泵供电继电器安装在前舱F3配电盒里，如图7-19所示。真空泵由整车

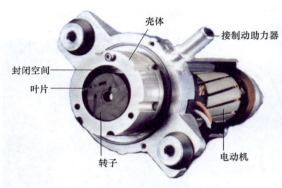
图7-18 海拉叶片式电动真空泵组成

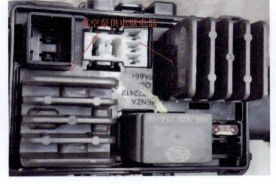
图7-19 比亚迪e5真空泵供电继电器

控制器给继电器提供负极线圈控制,当整车控制器内部接通继电器线圈负极电路时,继电器吸合,继电器接通电动真空泵正极,此时电动真空泵工作。比亚迪e5采用了两个真空泵供电继电器,它们各自独立,让整个制动系统更加安全可靠。考虑到车辆在拥堵路上或在连续下坡路段上时,频繁踩制动导致继电器频繁通断易造成发热,故两个继电器外表面做成格栅状,更加有助于散热,从而尽可能避免继电器的损坏造成制动事故。

5. 真空压力传感器

真空压力传感器直接作用于系统的真空管上,用于测量真空管路中真空的大小,给整车控制器提供真空压力的模拟电压值,从而控制真空泵工作。该传感器的功能与发动机的进气压力传感器类似。比亚迪e5真空压力传感器如图7-20所示。

图7-20 比亚迪e5真空压力传感器

比亚迪e5真空压力传感器插接器的端子如图7-21所示。

a)

b)

图7-21 比亚迪e5真空压力传感器插接器的端子

压力传感器插接器端子定义以及电压值见表7-5。

表7-5 压力传感器插接器端子定义以及电压值

序号	1	2	3
端子定义	5V电源	电源地	信号
真空泵未工作时电压/V	5	0	1.2左右
真空泵工作时电压/V	5	0	1.0左右

【技能训练】

一、整车控制器供电故障诊断与排除

一辆 2019 款比亚迪 e5 在打开点火开关后发现仪表的 OK 灯不亮,仪表显示"请检查电子驻车系统",仪表中的 P 档指示灯在闪烁,前舱风扇高速运转,挂档无反应,车辆无法运行。整车控制器供电故障现象如图 7-22 所示。

用比亚迪专用诊断仪 VDS2000 连接后发现无法进入整车控制器(VCU)系统和电机控制器(FMCU)系统,故初步怀疑是整车控制器的低压供电熔丝或电路故障,查找电路图与维修手册找到整车控制器的低压供电熔丝 F1-18(F1-18 是整车控制器和电机控制器共用的熔丝),用万用表测量 F1-18 熔丝,发现其一端为 12V 电压,一端为 0V 电压,把该熔丝拔出来发现熔断了,更换该熔丝后,车辆恢复正常。

二、真空泵继电器回检故障诊断与排除

一辆 2019 款比亚迪 e5 在打开点火开关后发现仪表的 OK 灯亮,仪表显示"请检查制动系统",仪表警告灯点亮,仪表发出"噔噔"警告声,真空泵异响,不踩制动踏板车也响。真空泵继电器回检故障现象如图 7-23 所示。车辆可以挂档运行。

图 7-22 整车控制器供电故障现象　　　　图 7-23 真空泵继电器回检故障现象

用比亚迪专用诊断仪 VDS2000 连接后读到真空泵继电器回检 3 个故障码,如图 7-24 所示,故初步怀疑是真空泵继电器回检熔丝或电路故障,查找电路图与维修手册找到真空泵继电器回检电熔丝 F3-2,用万用表测量 F3-2,发现其一端为 12V 电压,一端为 0V 电压,把该熔丝拔出来发现熔断了,更换该熔丝后,车辆恢复正常。

三、加速踏板深度传感器信号故障诊断与排除

一辆 2019 款比亚迪 e5 在打开点火开关后发现仪表板的 OK 灯亮,仪表板中的动力故障指示灯点亮,仪表板显示"请检查动力系统"。车辆可以挂档,但是踩加速踏板无反应,车辆无法运行。加速踏板深度传感器信号故障现象如图 7-25 所示。

用比亚迪专用诊断仪 VDS2000 连接后读到一个故障码"P1D7C00,加速踏板信号 2 故障"。故初步怀疑是加速踏板深度传感器信号 2 电路故障,查找电路图与维修手册找到加速踏板深度传感器信号 2 线,用万用表测量 BK49-48 为 0V,BG44-1 为 0.4V,电压存在异常

（正常两者都是0.4V）。经检查发现从BK49-48线到BG44-1发生线束断路，修复该线束，车辆恢复正常。

P1D8900	真空泵继电器1故障	整车控制器、真空泵继电器、低压线束
P1D8A00	真空泵继电器2故障	整车控制器、真空泵继电器、低压线束
P1D8B00	真空泵继电器1、2故障	整车控制器、真空泵继电器、低压线束

图 7-24　真空泵继电器回检 3 个故障码

图 7-25　加速踏板深度传感器信号故障现象

四、制动踏板深度传感器信号故障诊断与排除

一辆 2019 款比亚迪 e5 在打开点火开关后不踩制动踏板时仪表板一切都正常，但是准备踩制动踏板挂档的时候发现仪表板中的动力故障指示灯点亮，仪表板显示"请检查动力系统"，同时仪表板也点亮了低功率指示灯。OK 灯是点亮的，车辆可以挂档，但是踩加速踏板车辆行驶缓慢。制动踏板深度传感器信号故障现象如图 7-26 所示。

用比亚迪专用诊断仪 VDS2000 连接后读到一个故障码 "P1D6700，制动踏板信号 1 故障"。故初步怀疑是制动踏板深度传感器信号 1 电路故障，查找电路图与维修手册找到制动踏板深度传感器信号 1 线，用万用表测量 BK49-50 为 0V，BG28（B）-1 为 0.8V，电压存在异常（正常两者都是 0.8V）。经检查发现从 BK49-50 线到 BG28（B）-1 发生线束断路，修复该线束，车辆恢复正常。

图 7-26　制动踏板深度传感器信号故障现象

五、真空压力传感器信号故障诊断与排除

一辆 2019 款比亚迪 e5 在打开点火开关后发现仪表板的 OK 灯亮，仪表板显示"请检查制动系统"，仪表板警告灯点亮，仪表板发出"噔噔"警告声。故障现象如下图 7-27 所示。车辆可以挂档运行。

图 7-27　真空压力传感器信号故障现象

用比亚迪专用诊断仪 VDS2000 连接后读到一个故障码"P1D9A00，真空压力传感器信号故障"。故初步怀疑是真空压力传感器信号电路故障，查找电路图与维修手册找到真空压力传感器信号线，用万用表测量 BK49-46 为 0V，BA31-3 为 0.5V，电压存在异常（正常两者都是 1.2V）；经检查发现从 BK49-46 线到 BA31-3 发生线束断路，修复该线束，车辆恢复正常。

六、无级风扇控制信号故障诊断与排除

一辆 2019 款比亚迪 e5 在打开点火开关后仪表板的 OK 灯亮，一切正常，但是在没开空调的情况下听到前舱散热风扇一直在高速运转。车辆也可以挂档运行。无级风扇控制信号故障现象如图 7-28 所示。

用比亚迪专用诊断仪 VDS2000 连接后读到一个故障码"P1D8E00，无级风扇过温保护、电子错误等故障"；用示波器测量无级风扇控制信号 B14-3 线，发现无波形出现。故初步怀

图 7-28　无级风扇控制信号故障现象

疑是无级风扇控制信号电路故障，查找电路图与维修手册找到无级风扇控制信号线，用万用表测量 BK49-19 为 0V，B14-3 为 13.5V，电压存在异常（正常两者都是 1.0V 左右）；经检查发现从 BK49-19 线到 B14-3 发生线束断路，修复该线束，车辆恢复正常。再用示波器测量无级风扇控制信号 B14-3 线，有正常波形出现，无级风扇控制信号波形如图 7-29 所示。

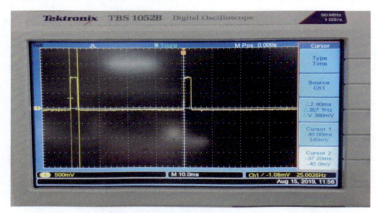

图 7-29　无级风扇控制信号波形

【任务总结】

1. 整车控制器对新能源汽车动力链的各个环节进行管理、协调和监控，以提高整车能量利用效率，确保整车安全性和可靠性。

2. 整车控制器的接收信号主要有加速踏板信号、制动踏板信号、真空压力传感器信号；控制信号主要有无级风扇控制信号和真空泵继电器控制信号。

3. 电动汽车上的加速踏板本质是一个传感器，传递的信息是驾驶人的驾驶意图。驾驶意图包括想要得到什么样的速度和想要得到什么样的加速度。

4. 电动汽车上的制动踏板深度传感器的作用主要是用来监控制动踏板的位置行程，以制动踏板的深度大小来控制对电动机电压或电流的输出以及控制制动能量回收。

5. 真空压力传感器直接作用于系统的真空管上，用于测量真空管路中真空的大小，给整车控制器提供真空压力的模拟电压值，从而控制真空泵工作。

【实训工单】

实训工单 1　整车控制器数据流的读取与分析

车型	比亚迪电动汽车	工具	比亚迪 VDS1000 诊断仪、数字万用表、示波器
时间	90min		

具体实施如下：

1. 加速踏板深度传感器信号电压的测量

加速踏板深度（%）	加速踏板深度信号 1	加速踏板深度信号 2
0%		
50%		
100%		

2. 制动踏板深度传感器信号电压的测量

制动踏板深度（%）	制动踏板深度信号 1	制动踏板深度信号 2
0%		
50%		
100%		

3. 无级风扇控制信号波形的测量（测出不开空调与开空调后的，并算出对应的占空比）

4. VCU 数据流的读取与分析

分析项目	当前	分析项目	当前
OK 灯状态		真空泵状态	
制动状态		EPB 状态	
冷却液温度值		无级风扇请求状态	
加速踏板深度（%）		制动踏板深度（%）	
加速踏板深度信号 1 电压		加速踏板深度信号 2 电压	
制动踏板深度信号 1 电压		制动踏板深度信号 2 电压	
档位状态		与 FMCU 通信状态	

实训工单 2　整车控制器故障诊断与排除

车型	比亚迪电动汽车	工具	比亚迪 VDS2000 诊断仪、数字万用表
时间	90min		

具体实施如下：
1. 填写车辆信息

	请在以下区域填写	扣分	判罚依据
记录车辆信息	整车型号： 车辆识别码： 工作电压： 蓄电池容量： 电机型号： 里程表读数：		

2. 故障点诊断与排除记录表（记录表数量与故障点数量一致）

作业项目	作业内容	备注
故障现象确认		※确认并记录故障现象
模块通信状态及故障码检查		
正确读取数据	项目　数值　单位　判断	※如果无相关数据则无须填写
清除故障码并再次读取	确认故障码是否再次出现，并填写结果 □无 DTC　□有 DTC：	
确定故障范围	电路/插接器外观及连接情况 □正常　□不正常 零件安装等 □正常　□不正常	

(续)

作业项目	作业内容	备注
部件/电路测试	<table><tr><td>部件/电路范围</td><td colspan="2">检查或测试后的判断结果</td></tr><tr><td></td><td>□ 正常</td><td>□ 不正常</td></tr><tr><td></td><td>□ 正常</td><td>□ 不正常</td></tr><tr><td></td><td>□ 正常</td><td>□ 不正常</td></tr><tr><td></td><td>□ 正常</td><td>□ 不正常</td></tr><tr><td></td><td>□ 正常</td><td>□ 不正常</td></tr><tr><td></td><td>□ 正常</td><td>□ 不正常</td></tr><tr><td></td><td>□ 正常</td><td>□ 不正常</td></tr><tr><td></td><td>□ 正常</td><td>□ 不正常</td></tr></table>	※注明测试条件、插件代码和编号控制单元引脚代号以及测量结果
故障部位确认和排除	<table><tr><td>故障类型</td><td>确认的故障位置</td><td>排除处理说明</td></tr><tr><td>电路故障</td><td></td><td>□更换□维修□调整</td></tr><tr><td>元件故障</td><td></td><td>□更换□维修□调整</td></tr></table>	
结果分析	过程分析：_____ _____ _____ _____ _____ _____ 测量结论：_____ _____ _____ _____ _____ _____	

模块四

特斯拉 Model S 驱动系统

任务 8　特斯拉 Model S 驱动系统的故障诊断与排除

任务导入

特斯拉作为新能源汽车的"标杆",其电池技术和驱动电机系统值得探讨与学习。日前,刘先生就特别去到 4S 店查阅相关资料学习。

任务目标

1. 异步电动机的认知。
2. 了解特斯拉 Model S 驱动系统的整体构造。
3. 熟悉 Model S 驱动电机的结构。
4. 熟悉 Model S 变频器的结构。
5. 熟悉 Model S 减速器的结构。
6. 熟悉 Model S 驱动总成的冷却系统。

【任务知识】

一、异步电动机

1. 异步电动机介绍

异步电动机又称"感应电动机",其转子置于旋转磁场中,在旋转磁场的作用下,转子获得一个转动力矩而转动。转子是可转动的导体，通常多呈笼型。定子是电动机中不转动的部分，主要任务是产生一个旋转磁场。旋转磁场并不是用机械方法来实现的，而是以交流电通于数对电磁铁中，使其磁极性质循环改变实现的。这种电动机并不像直流电动机有电刷或集电环，依据所用交流电的种类不同，异步电动机分为单相电动机和三相电动机。

2. 异步电动机的工作原理

当电动机三相定子绕组（空间相位相差 120°）通入三相对称交流电后，将产生一个旋转磁场（一对磁极），当电流经过一个周期变化时，旋转磁场也沿着相同方向旋转一个周期（在空间旋转的角度为 360°）。该旋转磁场在定子和转子之间的气隙中以与电流变化同步的转速 n_0 旋转并切割转子绕组磁力线，从而在转子绕组中产生感应电流（转子绕组为闭合环路），根据电磁感应定律，载流的转子导体（因感应获得的电流）在定子旋转磁场作用下将产生电磁力，从而在电动机转轴上形成电磁转矩，驱动电动机旋转，并且电动机旋转方向与旋转磁场方向相同。这就是异步电动机的工作原理。异步电动机定子电流与二极旋转磁场一个周期（360°）内的对应关系示意图如图 8-1 所示。

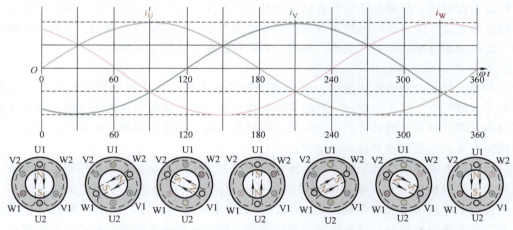

图 8-1 异步电动机定子电流与二极旋转磁场一个周期（360°）内的对应关系示意图

当电动机轴上带有机械负载时，便向外输出机械能。由于电动机的转子与定子旋转磁场以相同的方向、不同的转速旋转，存在转速差，因此称为异步电动机，又称为感应电动机。

汽车中的异步电动机的转子常采用空心式结构，这种结构简单牢固，适用于高速旋转、免维护，且成本较低。异步电动机矢量控制调速技术比较成熟，使得异步电动机驱动系统具有明显的优势，因此被较早应用于电动大客车的驱动系统。

3. 异步电动机的特点

异步电动机有下面的优点：结构紧凑、坚固耐用；运行可靠、维护方便；价格低廉，体积小、质量小；环境适应性好；转矩脉动低、噪声低；可靠性高，逆变器即使损坏而产生短路时也不会产生反电动势，所以不会出现急制动的可能性，因此，广泛应用于大型高速的电动汽车中；三相笼型异步电动机的功率容量覆盖面很广；可以采用空气冷却或液体冷却方式，冷却自由度高、对环境的适应性好，并且能够实现再生制动；与同样功率的直流电动机相比较，效率较高、质量小约一半。

同时它有下面的缺点：功率因数低，运行时必须从电网吸收无功电流来建立磁场；控制复杂，易受电动机参数及负载变化的影响；转子不易散热；调速性能差，调速范围窄。

优势分析：异步电动机是新能源汽车专用的电动机，它从蓄电池中获取有限的能量产生动作，所以要求其在各种环境下的效率都要很好，因此，在性能上它要求比一般工业用的电动机更加严格。

适合作为电动汽车专用的电动机需要满足几个特性：因高速化而要求的小型轻量化（坚固性）、高效性（一次充电后的续驶里程长）、低速大转矩情况下大范围内的恒定输出特性、寿命长、高可靠性、低噪声性和成本低廉。但是现实中全部满足以上几个特性的电动机还未被开发出来。目前更适用于新能源汽车的电动机是异步电动机和永磁电动机。

4. 异步电动机的控制系统

由于三相交流异步电动机不能直接使用直流电，因此需要逆变装置进行转换控制。新能源汽车减速或制动时，电机处在发电制动状态，给蓄电池充电，机械能转换为电能。在新能源汽车上，由功率半导体器件构成的 PWM 功率逆变器把蓄电池电源提供的直流电变换为频率和幅值都可以调节的交流电。三相交流异步电动机逆变器的控制方法主要有 V/f 恒定控制法、转差率控制法、矢量控制法和直接转矩控制（DTC）法。20 世纪 90 年代以前主要使用前两种控制方式，但是这两种控制方式转速控制范围小，转矩特性不理想，因此对于需频繁起动、加减速的电动汽车并不适合。目前，后两种控制方式处于主流地位。

5. 异步电动机的应用现状

在美国，异步电动机应用较多，这与路况有关。在美国，高速公路已经具有一定的规模，除了大城市外，汽车一般以一定的高速持续行驶，所以能够实现高速运转，因此在高速时有较高效率的异步电动机得到广泛应用。在我国，随着高速公路规模的发展，异步电动机在新能源汽车上的应用也会越来越重要。

目前，在电动汽车的电动机方面，异步电动机与永磁同步电动机是采用较多的两种。与永磁同步电动机相比，异步电动机的成本略低；但同时，它的性能与效率也相对较差。其中，永磁同步电动机需要用到稀土资源，目前全球市场绝大部分的稀土资源是由中国提供的。所以基于资源的控制，以及制造成本的考虑，欧美市场的大部分纯电动汽车或混合动力车型，采用的都是异步电动机。美国的特斯拉 Model S 的驱动电机就是采用了异步电动机。

二、特斯拉 Model S 驱动系统的整体结构

特斯拉 Model S 可以说是电动汽车中的明星产品，它把电动汽车与时尚外形和驾驶性能结合在了一起。其异步电动机搭配的是一个电流逆变器（又名变频器），它将蓄电池组的直流电转换为交流电，输入到异步电动机中；而异步电动机的动力则通过一个 9.73∶1 的固定齿比变速器，将动力输送至轮端。此外，与上述驱动机构搭配的，还有一个差速器，这是任何一辆车都必备的零件。蓄电池、驱动电机、逆变器以及固定齿比的变速器构成了特斯拉 Model S 的动力总成。特斯拉 Model S 外观如图 8-2 所示。

传统汽车的驱动系统按驱动方式分前驱、后驱以及四驱，同样，在电动汽车里其驱动方式也分为前驱、后驱和四驱。特斯拉 Model S 纯电动跑车共分两大系列：单电动机后驱车型、双电动机全驱车型。

特斯拉 Model S 不同型号电动机布置略有不同。早期的 Model S60 属后置后驱；Model S85 属前置后驱；Model S60D 和 Model S85D 都是属双电动机四驱。特斯拉 Model S 单电动机

图 8-2　特斯拉 Model S 外观

后驱车型整体构造如图 8-3 所示。

特斯拉 Model S 单电动机后驱车型底盘构造（图 8-4）主要由电动机、电机控制器、蓄电池包、主轴、变速器和差速器等组成。能量由蓄电池包提供，经过电机控制器逆变成适合电动机的高频交变电流；电动机转动，带动变速器齿轮转动，将运动传递至差速器，最后到达主轴，带动轮胎转动，实现电力驱动下的汽车运动。特斯拉 Model S 单电动机的驱车型的电动机与变频器如图 8-5 所示。

特斯拉 Model S 采用了双电动机全轮驱动，新车性能全面提升，百公里加速仅需 3s 多。车型名称加后缀"D"（代表 Dual，双电动机）。按照之前的车型划分，D 版车型涵盖 60D、85D、P85D 三个车型。60 系列和 85 系列分别搭载能量 60kWh 和 80kWh 的蓄电池组，P85 则是强化运动效果的高性能车。特斯拉 Model S 双电动机四驱车型整体构造如图 8-6 所示。

图 8-3　特斯拉 Model S 单电动机后驱车型整体构造

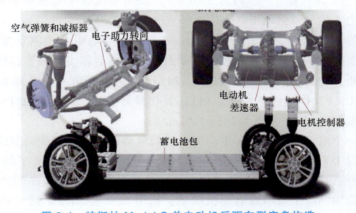

图 8-4　特斯拉 Model S 单电动机后驱车型底盘构造

图 8-5　特斯拉 Model S 单电动机后驱车型的电动机与变频器

图 8-6　特斯拉 Model S 双电动机四驱车型整体构造

　　特斯拉 Model S 开发了全轮驱动系统，并且在前车桥上方安装了第 2 个电动机，用于驱动前轮，其输出功率约为 140kW（P85D 约为 165kW）。目前的标准版 Model S 在后车桥上设有电动机，功率约为 283kW（P85 约为 350kW）。双电动机赋予全驱版 Model S 更加优越的加速性能、抓地力，性能最强的 P85D 总功率输出可达 515kW。

　　和传统汽车的四轮驱动不同，特斯拉 Model S 的双电动机全轮驱动能根据汽车行驶需要，独立数字控制前轴和后轴，在毫秒间将动力分配给前后轴。这种实时精确控制让四个车轮都能分配到转矩，使得 Model S 的牵引力、稳定性、操控性和安全性都有革命性的提升。

　　早期的 Model S P85D 从静止加速至 96km/h 仅需要 3.2s，较标准版 P85 的 4.2s 缩短 1s 之多。在极速方面，P85D 和 85D 均达到 249km/h。

　　尽管安装多一个电动机增加了车重，但由于双电动机能够更好地调节应用，将能量利用效率最大化，所以 D 版 Model S 的续航里程较对应的标准版反而提高了约 16km。例如 60D 从标准版 60 车型的约 335km 提高到约 362km，85D 也从约 459km 提高到约 475km。

　　新款的特斯拉 Model S 采用双电动机驱动，前电动机为 202kW 的电动机，后电动机为 285kW 的电动机，新款的特斯拉 Model S 搭载着 100kWh 的蓄电池，续航里程可达 660km。

特斯拉 Model S 各车型功率对比见表 8-1。

表 8-1 特斯拉 Model S 各车型功率对比

车型	60	60D	85	85D	P85	P85D
总功率输出/kW	283	280	283	280	350	515
后电动机功率/kW	283	140	283	140	350	350
前电动机功率/kW	N/A	140	N/A	140	N/A	221
续航里程/km	335	362	426	475	426	443
百公里加速/s	5.9	5.7	5.4	5.2	4.2	3.2
极速/(km/h)	193	201	201	249	209	249

三、特斯拉 Model S 后驱动总成

特斯拉 Model S 的后驱动总成主要包括异步电动机、电机控制器（变频器）、单速变速器、差速器。其电动机则采用了历史比较长，性能比较稳定的异步电动机。特斯拉 Model S 后驱动系统通过模块的高集成化和标准化降低成本，将节省的成本用于提升性能，同等成本下实现最优性能，同等性能下实现最优成本。它把驱动电机、电机控制器（变频器）和减速器三个部件合为一体，减少了部件间的复杂连接，减少了线束的数量，从而让整体的结构更加紧凑、体积更小、质量更小、成本也得到大幅度降低。采用了驱动三合一后，驱动电机与电机控制器采用直连的方式，省去了三相线束并共用冷却系统。特斯拉 Model S 的后驱动系统总成如图 8-7 所示。

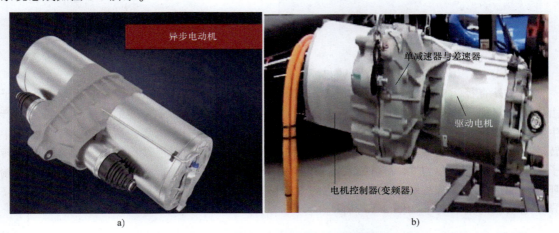

图 8-7 特斯拉 Model S 的后驱动系统总成

四、特斯拉 Model S 驱动电机

特斯拉 Model S 采用三相交流异步电动机，该电动机可以通过超高电压及弱磁驱动，实现超 10000r/min 的高转速，同时通过驱动变频器等电机控制系统，可实现 600Nm 的大转矩运行，由此保证特斯拉高功率输出，从而提升特斯拉动力性能。特斯拉 Model S 选择的异步电动机是更可靠（没有退磁风险）、更低成本、更高效率的电动机。异步电动机铜心转子是特斯拉一项创新的技术，也是其核心技术之一。

异步电动机有两个主要的部件，即定子和转子。按照其转子的结构不同，异步电动机分为笼型异步电动机和绕线转子异步电动机，由于绕线转子异步电动机成本高、需要维护、缺

乏坚固性，因此没有笼型异步电动机应用广泛，特别是在电动汽车的电力驱动中。笼型异步电动机除了具有无换向器电动机的共同优点外，还具有结构简单、坚固耐用、运行可靠、价格低廉和维护方便等优点，被众多电动汽车所采用。特斯拉 Model S 的异步电动机即属于笼型异步电动机，其主要部件也是定子和转子（图 8-8）。

1. 特斯拉 Model S 异步电动机的定子（图 8-9）

定子是异步电动机中不转动的部分，主要由定子铁心和三相定子绕组组成，其主要任务是供电后产生一个旋转磁场。定子连接到三相交流电上，线圈中的三相交流电产生旋转的磁场。定子外直径为 254mm，内直径为 157mm；定子长度为 152.6mm；定子槽数为 60。

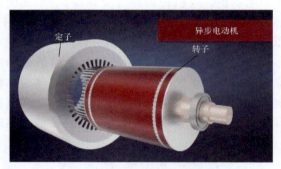

图 8-8 特斯拉 Model S 异步电动机的定子与转子

图 8-9 特斯拉 Model S 异步电动机的定子

2. 特斯拉 Model S 异步电动机的转子

转子外直径为 155.8mm，内直径为 50mm；转子长度为 153.8mm；转子槽数为 74。转子由横着的多根导电杆、两端的导电圆盘以及夹在导电圆盘之间的多个硅钢片组成，由定子产生的旋转磁场在转子的导电杆中产生感应电流。因为导电杆中有电流，所以导电杆在磁场中转动。而特斯拉的铜心转子技术则是它的核心技术之一，它的制造过程是：先将铜条插在转子槽中，将楔子（单边 74 个）插入铜条间隙中，焊接铜条、楔子，再在两侧焊上端环（端环通常使用离心铸造法制造，离心铸造的工艺可以排出其中的杂质和气泡）。特斯拉 Model S 异步电动机的铜心转子如图 8-10 所示。

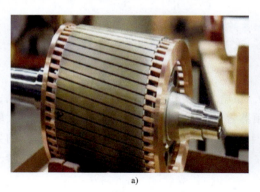

a)

b)

图 8-10 特斯拉 Model S 异步电动机的铜心转子

五、特斯拉 Model S 异步电动机的工作原理

在异步电动机中，转子的转速始终小于磁场的旋转速度，异步电动机中没有电刷，也没有永磁体，但动力强劲。异步电动机的优点是：异步电动机的转速取决于交流电的频率，所以，只要控制交流电的频率，就可以控制电动机的转速，从而控制汽车驱动轮的转速。控制了驱动轮的转速，就控制了电动汽车的车速，这种控制方式简单可靠。电能以 U、V、W 三相电的形式输入电动机，电动机转速的快慢，主要取决于输入定子的励磁电流的交变频率，其调速范围宽，可以在 0~18000r/min 之间变化，且运行稳定。这个转速指标大大优于采用汽油或柴油发动机的汽车。对于汽油和柴油发动机来说，转矩符合要求时，转速不一定符合要求，因此，发动机不能直接连接到驱动轮上，发动机必须与变速器配合，才能使驱动轮达到所需要的转速。特斯拉 Model S 异步电动机的工作原理如图 8-11 所示。

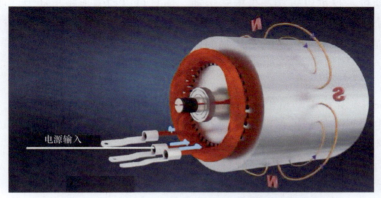

图 8-11　特斯拉 Model S 异步电动机的工作原理

电动机的输出特性与发动机相比，具备先天的优越性（图 8-12）。内燃机转速与转矩的

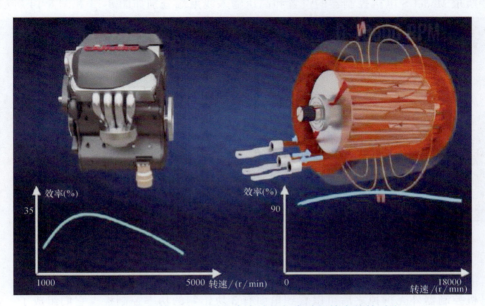

图 8-12　特斯拉 Model S 异步电动机与发动机输出特性对比

关系是自然形成的，转矩先跟随转速一起增加，到达两者最高点以后，转速的增加则会使转矩降低；而电动机则不同，通过转矩输出控制，基本可以实现低转速大转矩，高转速范围内恒转矩运行，这样的特性，与车辆行驶过程中的实际需求恰好吻合。而异步电动机在输出所需的转矩的同时，还能输出所需的转速，能在转速范围内一直保持较高的效率，所以，电动汽车就不需要变速器。

另外，发动机无法直接产生旋转运动，而是将活塞的上下直线运动转换成旋转运动，而将直线运动转换为旋转运动时，会出现机械平衡方面的问题。

发动机还有两个问题，一个问题是，发动机不能像异步电动机那样自己起动，而是需要起动电动机进行起动；另一个问题是，发动机无法均匀地输出动力。为了解决这两个问题，发动机要配备发电机给蓄电池充电，而蓄电池可以为起动电动机提供电力，发动机还要配备飞轮，从而尽量均匀地输出动力。

而异步电动机不仅可以直接产生旋转运动，而且可以均匀地输出动力，所以异步电动机可以省去发动机上的很多部件。因此，异步电动机质量比发动机小，响应速度比发动机快，动力比发动机强，使得电动汽车具有超强的性能。

六、特斯拉 Model S 电机控制器

特斯拉 Model S 异步电动机需要的是交流电能，而动力电池提供的是直流电能，中间电能形式的转换由电机控制器来完成。特斯拉 Model S 电机控制器根据整车控制器发送来的整车转矩需求，从动力电池包处获得对应功率的能量，进行逆变后，用三相交流调控电动机输出转速和转矩。同时电机控制器在车辆制动或者滑行的时候，把驱动轮带动电机运转的机械能转变成直流电给动力电池充电，即能量回收。而所有新能源汽车的电机控制器都在动力电池与驱动电机的中间。特斯拉 Model S 电机控制器又称变频器或逆变器。

特斯拉 Model S 电机控制器（变频器）

特斯拉 Model S 电机控制器的位置和高压输入线束端分别如图 8-13 和图 8-14 所示。

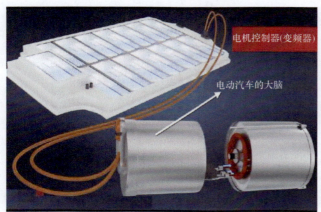

图 8-13 特斯拉 Model S 电机控制器的位置

图 8-14 特斯拉 Model S 电机控制器的高压输入线束端

1. 特斯拉 Model S 电机控制器内部整体结构

电机控制器外壳拆掉之后可以看到里面有 3 块铝制的功率控制板，它们组成了一个外体

圆形状，每个边都是一个相，共 3 个功率控制板，正面由 1 个汇流排和 3 个 IGBT 功率驱动板组成（图 8-15）。母线排是"两进""六出"的结构形式，"两进"是指连接蓄电池包的正负主母线，"六出"是指分配每相功率控制板的正负母线输入端，电流从汇流排进来之后经过叠层分到每相全桥。拆掉汇流排后，内部形成一个三角形空穴，这样的设计主要是为了电机控制器更容易散热。

图 8-15　特斯拉 Model S 电机控制器内部整体结构

2. 特斯拉 Model S 电机控制器汇流排正面结构（图 8-16）

汇流排整体嵌件注塑在金属框架上，紧固为一个总成，扣合进三相功率驱动板总成内，集成度相当高。汇流排每侧输出端都连接了 3 块小的 PCB 板，是每相的 IGBT 功率驱动板，每块板完全相同。每块 PCB 小板上都有 2 个黄色的铜排线，它们将输入的高压电连接到每相的功率驱动板，也就是每相功率驱动板的直流高压输入侧。

3. 特斯拉 Model S 电机控制器 IGBT 功率驱动板

特斯拉 Model S 电机控制器 IGBT 功率驱动板一共有 3 个。IGBT 功率驱动板的作用主要是将单片机脉冲输出的功率进行放大，以达到驱动 IGBT 功率器件的目的。在保证 IGBT 器件可靠、稳定、安全工作方面，IGBT 功率驱动板起到至关重要的作用。它把控制器输出的电平信号，变换成能够可靠驱动 IGBT 的信号，另外它还有隔离、保护的作用。特斯拉 Model S 电机控制器其中一相的 IGBT 功率驱动板结构如图 8-17 所示。

图 8-16　特斯拉 Model S 电机控制器汇流排正面结构

IGBT 对驱动电路的要求：

1）提供适当的正反向电压，使 IGBT 能可靠地开通和关断。当正偏压增大时 IGBT 通态压降和开通损耗均下降，但若 UGE 过大，则负载短路时其 IC 随 UGE 增大而增大，对其安全不利，使用中选 UGE = 15V 为宜。负偏电压可防止由于关断时浪涌电流过大而使 IGBT 误导通，一般选 UGE = -5V 为宜。

2）IGBT 的开关时间应综合考虑。快速开通和关断有利于提高工作频率，减小开关损耗。但在大电感负载下，IGBT 的开频率不宜过大，因为高速开断和关断会产生很高的峰值电压，及有可能造成 IGBT 自身或其他元件击穿。

图 8-17 特斯拉 Model S 电机控制器其中一相的 IGBT 功率驱动板结构

3）IGBT 开通后，驱动电路应提供足够的电压、电流幅值，使 IGBT 在正常工作及过载情况下不至于退出饱和而损坏。

4）IGBT 驱动电路中的电阻 RG 对工作性能有较大的影响，RG 较大，有利于抑制 IGBT 的电流上升率及电压上升率，但会增加 IGBT 的开关时间和开关损耗；RG 较小，会引起电流上升率增大，使 IGBT 误导通或损坏。RG 的具体数据与驱动电路的结构及 IGBT 的容量有关，一般在几欧或几十欧，小容量的 IGBT 其 RG 值较大。

5）驱动电路应具有较强的抗干扰能力及对 IGBT 的保护功能。IGBT 的控制、驱动及保护电路等应与其高速开关特性相匹配，另外，在未采取适当的防静电措施情况下，G—E 断不能开路。

4. 特斯拉 Model S 电机控制器汇流排背面结构

汇流排的背面也有一块电路板，有一根小线束去往控制板，输送母线电压采集信号。电路板上有一些常规的电容，最大的两个蓝色封装电容的作用是对母线输入滤波。特斯拉 Model S 电机控制器汇流排背面结构如图 8-18 所示。

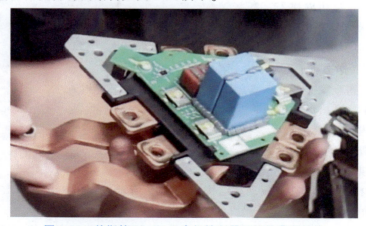

图 8-18 特斯拉 Model S 电机控制器汇流排背面结构

5. 特斯拉 Model S 电机控制器侧面结构

特斯拉 Model S 电机控制器侧面结构主要由若干个 IGBT 模块和 IGBT 的驱动电阻模块组成。特斯拉 Model S 后电机控制器的 IGBT 模块主要采用了 72 个绝缘栅双极晶体管（IGBT），它将直流电转换为交流电。除了控制充电和放电速率，功率电子模块还控制电压等级、电动机的每分钟转数、转矩和再生制动系统。该制动系统通常通过制动捕获动能，并将其反馈传输回能量回收系统。

IGBT 模块是由 IGBT 与 FWD 通过特定的电路桥接封装而成的模块化半导体产品；IGBT 模块（图 8-19）采用集成电路（IC）驱动，它包括各种驱动保护电路和高性能 IGBT 芯片，同时应用新型封装技术。纯电动汽车上一般也是把封装后的 IGBT 模块直接应用于电机控制器等设备上。

IGBT 模块具有节能、安装维修方便、散热稳定等特点；当前市场上销售的多为此类模块化产品；随着节能环保等理念的推进，此类产品在市场上将越来越多见。IGBT 模块是能源变换与传输的核心器件，俗称电力电子装置的"CPU"，IGBT 模块在轨道交通、智能电网、航空航天、电动汽车与新能源装备等领域应用极广。

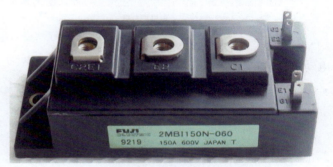

图 8-19　IGBT 模块

特斯拉 Model S 电机控制器的 72 个 IGBT 上面还覆盖着一层透明硅胶，起绝缘密封作用，也有一定的散热作用（图 8-20）。

图 8-20　特斯拉 Model S 电机控制器的 IGBT

IGBT 在电机控制器中的基本作用是作为高速无触点电子开关，利用 IGBT 的开关原理，就能根据控制信号将直流电变换成交流电，直流电转换成交流电后电压会降低。同时可以通过控制信号的脉宽调节来控制电流的大小，也可以控制交流频率，从而控制电动机的转速。IGBT 模块驱动电机电路如图 8-21 所示。

IGBT 模块驱动异步电动机运转的原理就是通过集成电路（IC）控制其模块中的 IGBT 工作，把蓄电池包输送过来的高压直流电逆变成异步电动机所需的交流电驱动电动机运转，同时集成电路（IC）也控制输出的交流频率来控制异步电动机的转速，IGBT 模块驱动异步

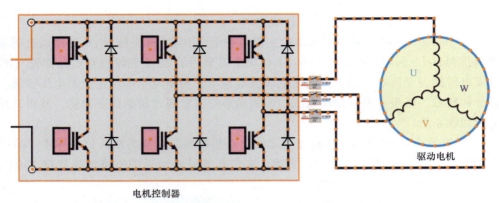

图 8-21 IGBT 模块驱动电机电路

电动机运转的原理如图 8-22 所示。

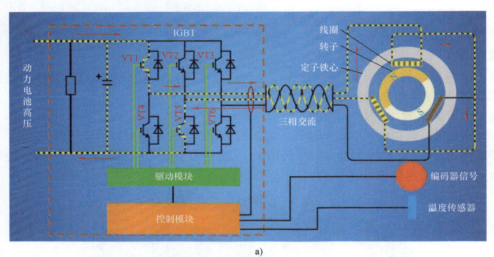

a)

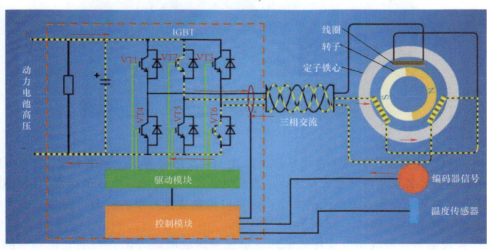

b)

图 8-22 IGBT 模块驱动异步电动机运转的原理

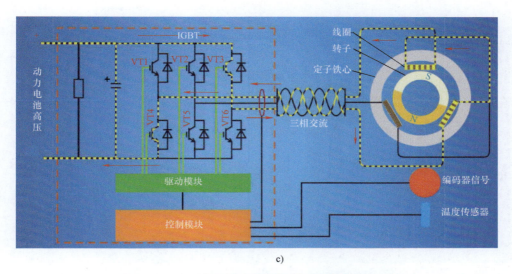

c)

图 8-22　IGBT 模块驱动异步电动机运转的原理（续）

IGBT 在驱动电机电路中只有换相功能，即把直流电逆变成交流电来驱动交流电动机。而 IGBT 没有整流功能，电动汽车的能量回收需要把交流电机反向输送的交流电整流成直流电给动力电池充电，这时候 IGBT 模块里面的 FWD 就起到了这一作用。IGBT 模块能量回收的原理如图 8-23 所示。

6. IGBT 概念与结构特性

绝缘栅双极型晶体管（Insulated Gate Bipolar Transistor，IGBT）是由双极型晶体管（GTR）和金属-氧化物半导体场效应晶体管（MOSFET）组成的复合全控型电压驱动式功率半导体器件，兼有 MOSFET 的高输入阻抗和 GTR 的低导通压降两方面的优点。GTR 饱和压降低，载流密度大，但驱动电流较大；MOSFET 驱动功率很小，开关速度快，但导通压降大，载流密度小。IGBT 综合了以上两种器件的优点，驱动功率小而饱和压降低。

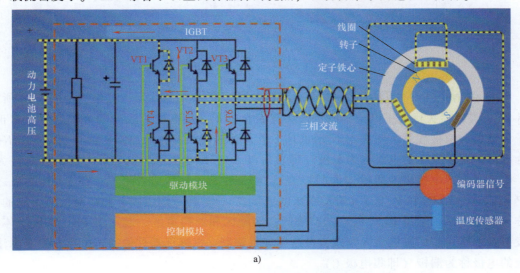

a)

图 8-23　IGBT 模块能量回收的原理

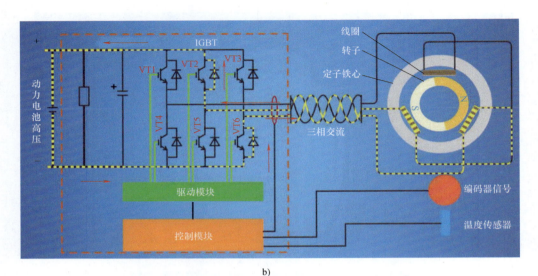

b)

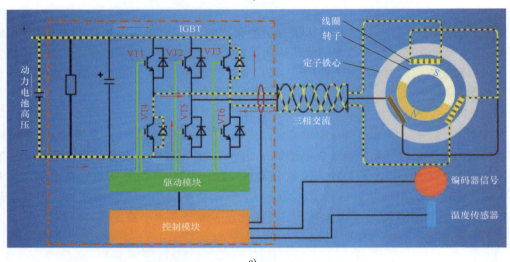

c)

图 8-23　IGBT 模块能量回收的原理（续）

IGBT 由 N+、P、N、N+、P+ 五层半导体组成，有 SiO_2 绝缘层，其结构如图 8-24 所示，图 8-24 中黑色箭头代表正电子，白色箭头代表负电子，仅有电子流动的为单极管，有正负电子流动的为双极性管。图 8-25 所示也是一个 N 沟道增强型绝缘栅双极晶体管结构，N+区称为源区，附于其上的电极称为源极（即发射极 E）。N 基极称为漏区。器件的控制区为栅区，附于其上的电极称为栅极（即门极 G）。沟道在紧靠栅区边界形成。在 C、E 两极之间的 P 型区（包括 P+ 和 P- 区）（沟道在该区域形成），称为亚沟道区。而在漏区另一侧的 P+ 区称为漏注入区，它是 IGBT 特有的功能区，与漏区和亚沟道区一起形成 PNP 双极晶体管，起发射极的作用，向漏极注入空穴，可进行导电调制，以降低器件的通态电压。附于漏注入区上的电极称为漏极（即集电极 C）。

IGBT 的开关作用是通过加正向栅极电压形成沟道，给 PNP（原来为 NPN）晶体管提供

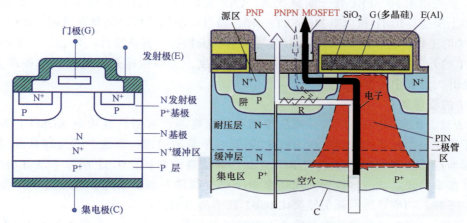

图 8-24　IGBT 结构

基极电流，使 IGBT 导通。反之，加反向门极电压消除沟道，切断基极电流，使 IGBT 关断。IGBT 的驱动方法和 MOSFET 基本相同，只需控制输入极 N-沟道 MOSFET，所以具有高输入阻抗特性。当 MOSFET 的沟道形成后，从 P+基极注入 N-层的空穴（少子），对 N-层进行电导调制，减小 N-层的电阻，使 IGBT 在高电压时，也具有低的通态电压。

IGBT 是由一个 N 沟道的 MOSFET 和一个 PNP 型 GTR 组成，它实际是以 GTR 为主导元件，以 MOSFET 为驱动元件的复合管。IGBT 除了内含 PNP 晶体管结构，还有 NPN 晶体管结构，该 NPN 晶体管通过将其基极与发射极短接至 MOSFET 的源极金属端使之关断。IGBT 的 4 层 PNPN 结构，内含的 PNP 与 NPN 晶体管，形成了一个可控硅的结构，有可能会造成 IGBT 的擎住效应。IGBT 与 MOSFET 不同，内部没有寄生的反向二极管，因此在实际使用中（感性负载）需要搭配适当的快恢复二极管。IGBT 的电气符号以及 IGBT 的理想等效电路和实际等效电路如图 8-25 所示。

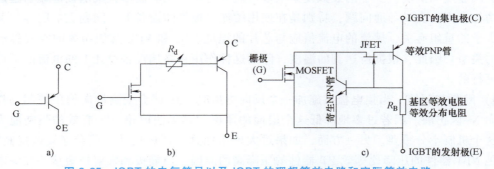

图 8-25　IGBT 的电气符号以及 IGBT 的理想等效电路和实际等效电路
a）IGBT 的电气符号　b）IGBT 的理想等效电路　c）IGBT 的实际等效电路

由等效电路可将 IGBT 作为对 PNP 双极晶体管和功率 MOSFET 进行达林顿连接后形成的单片型 Bi-MOS 晶体管。因此，在门极-发射极之间外加正电压使功率 MOSFET 导通时，PNP 晶体管的基极-集电极就连接上了低电阻，从而使 PNP 晶体管处于导通状态，由于通过在漏极上追加 P+层，在导通状态下，从 P+层向 N 基极注入空穴，从而引发传导性能的转变。因此，它与功率 MOSFET 相比，可以得到极低的通态电阻。此后，使门极-发射极之间的电压为 0 时，首先功率 MOSFET 处于断路状态，PNP 晶体管的基极电流被切断，从而处于断路状态。如上所述，IGBT 和功率 MOSFET 一样，通过电压信号可以控制开通和关断动作。

IGBT 的工作特性：IGBT 的静态特性主要有伏安特性、转移特性；动态特性又称开关特性，IGBT 的开关特性分为两大部分，一是开关速度，主要指标是开关过程中各部分时间，另一个是开关过程中的损耗。

IGBT 的原理如下：

1) 方法。IGBT 是将强电流、高压应用和快速终端设备用垂直功率 MOSFET 的自然进化。由于实现一个较高的击穿电压 BVDSS 需要一个源漏通道，而这个通道却具有很高的电阻率，因而造成功率 MOSFET 具有 RDS（on）数值高的特征，IGBT 消除了现有功率 MOSFET 的这些主要缺点。虽然最新一代功率 MOSFET 器件大幅度改进了 RDS（on）特性，但是在高电平时，功率导通损耗仍然要比 IGBT 技术高出很多。

2) 导通。IGBT 硅片的结构与功率 MOSFET 的结构十分相似，主要差异是 IGBT 增加了 P+ 基片和一个 N+ 缓冲层（NPT-非穿通-IGBT 技术没有增加这个部分）。基片的应用是在管体的 P+ 和 N+ 区之间创建了一个 J1 结。当正栅偏压使栅极下面反演 P 基区时，一个 N 沟道形成，同时出现一个电子流，并完全按照功率 MOSFET 的方式产生一股电流。如果这个电子流产生的电压在 0.7V 范围内，那么，J1 将处于正向偏压，一些空穴注入 N-区内，并调整阴阳极之间的电阻率，这种方式降低了功率导通的总损耗，并启动了第二个电荷流。最后的结果是，在半导体层次内临时出现两种不同的电流拓扑：一个电子流（MOSFET 电流）；一个空穴电流（双极）。

3) 关断。当在栅极施加一个负偏压或栅压低于门限值时，沟道被禁止，没有空穴注入 N-区内。在任何情况下，如果 MOSFET 电流在开关阶段迅速下降，集电极电流则逐渐降低，这是因为换向开始后，在 N 层内还存在少数的载流子（少子）。这种残余电流值（尾流）的降低程度，完全取决于关断时电荷的密度，而密度又与几种因素有关，如掺杂质的数量和拓扑，层次厚度和温度。少子的衰减使集电极电流具有特征尾流波形，集电极电流引起以下问题：功耗升高；交叉导通问题，特别是在使用续流二极管的设备上，问题更加明显。鉴于尾流与少子的重组有关，尾流的电流值应与芯片的温度、IC 和 VCE 密切相关的空穴移动性有密切的关系。因此，根据所达到的温度，降低这种作用在终端设备设计上的电流的不理想效应是可行的。

4) 阻断与闩锁。当集电极被施加一个反向电压时，J1 就会受到反向偏压控制，耗尽层则会向 N-区扩展。因若过多地降低这个层面的厚度，将无法取得一个有效的阻断能力，所以，这个机制十分重要。另一方面，如果过大地增加这个区域尺寸，就会连续地提高压降，这就是 NPT 器件的压降比等效 PT 器件的压降高的原因。当栅极和发射极短接并在集电极端子施加一个正电压时，P/N J3 结受反向电压控制，此时，仍然是由 N 漂移区中的耗尽层承受外部施加的电压。

IGBT 在集电极与发射极之间有一个寄生 NPN 管（图 8-25c）。在特殊条件下，这种寄生器件会导通。这种现象会使集电极与发射极之间的电流量增加，对等效 MOSFET 的控制能力降低，通常还会引起器件击穿问题。晶闸管导通现象被称为 IGBT 闩锁，这种缺陷的原因互不相同，与器件的状态有密切关系。通常情况下，静态和动态闩锁有如下主要区别：

当晶闸管全部导通时，静态闩锁出现，只在关断时才会出现动态闩锁。这一特殊现象严重地限制了安全操作区。为防止寄生 NPN 和 PNP 晶体管的有害现象，有必要采取以下措施：防止 NPN 部分接通，分别改变布局和掺杂级别，降低 NPN 和 PNP 晶体管的总电流增益。此外，闩锁电流对 PNP 和 NPN 器件的电流增益有一定的影响，因此，它与结温的关系也非常密切；在结温和增益提高的情况下，P 基区的电阻率会升高，这破坏了整体特性。因此，器件制造商必须注意将集电极最大电流值与闩锁电流之间保持一定的比例，通常比例为 1∶5。

7. 特斯拉 Model S 电机控制器 IGBT 驱动电阻

在特斯拉 Model S 电机控制器其中一相的侧面的一块 PCB 板上有很多 IGBT 驱动电阻（图 8-26），它们用来调节 IGBT 开关时间。IGBT 驱动电阻的作用：

1）消除栅极振荡。绝缘栅器件（IGBT、MOSFET）的栅、射（或栅、源）极之间是容性结构，栅极回路的寄生电感又是不可避免的，如果没有栅极电阻，那栅极回路在驱动器驱动脉冲的激励下会产生很强的振荡，因此必须串联一个电阻迅速衰减振荡。

2）转移驱动器的功率损耗。电容、电感都是无功元件，如果没有栅极电阻，驱动功率将绝大部分消耗在驱动器内部的输出管上，使其温度上升很多。

3）调节功率开关器件的通断速度。栅极电阻小，则开关器件通断快，开关损耗小；反之则慢，同时开关损耗大。但驱动速度过快将使开关器件的电压和电流变化率大大提高，从而产生较大的干扰，严重的将使整个装置无法工作，因此必须统筹兼顾。

图 8-26　特斯拉 Model S 的 IGBT 驱动电阻

8. 特斯拉 Model S 电机控制器的主控模块

IGBT 模块的控制信号先是由控制模块（也就是主控模块）发出，经过 IGBT 的驱动模块进行放大后再到 IGBT 的控制端。

特斯拉 Model S 电机控制器的主控模块（主控板）安装在三相功率控制板中的一相控制板上，如图 8-27 所示。

主控制板两个边共有 7 个接插件，分别是母线电压采集、放电板信号、电动机编码器/温度传感器线束，对外输入输出信号接口，IGBT 驱动板的信号接口，电流传感器信号接口，调试接口。图 8-27 中三个大的 IC 是两个 MCU+和一个 FPGA，MCU 分别是 TMS320F2811 和 TMS320F28035，这两个 MCU 每一个都能单独驱动电动机，采用两个是冗余的设计。电机控制和其他功能（监控、诊断、通信等）分开，而 FPGA 用来处理 PWM 信号以及一些需要 us 级响应的故障。

图 8-27 特斯拉 Model S 电机控制器的主控模块结构

特斯拉 Model S 电机控制器的主控模块就是整个电机控制器的中心操控模块，包含了 PWM 波生成电路、复位电路、传感器信号处理电路、交互电路等。中心操控模块对外经过对外接口，得到整车上其他部件的指令和状况信息；对内把翻译过的指令传递给电机控制器驱动电路，并起到检测操控的作用。

9. 特斯拉 Model S 电机控制器的电流传感器

在保护电动机安全方面，做好电路状态监测是一项非常必要的措施。其中，电流传感器将是进行监测时必不可少的一种电子器件。在电动机中，电流传感器的主要作用是测量电路电流的变化情况，电流的大小将能直接反映出电动机的运转状况，通过电流大小可以判断电动机是否存在不良工作状态。此外，电流的测量还能用于计算电动机输出的功率，掌握了输出功率就能更好地调节电动机的工作状态。电动机堵塞是非常严重的机械事故，很有可能会因此而造成电路电流骤升，使得电动机中的线圈迅速发热而烧毁。电流传感器能够通过对电流的测量，及时在电动机发生堵塞时切断供电电源，有效保护电动机安全。在特斯拉 Model S 后电机控制器的后端交流输出汇流排处集成了电流传感器（图 8-28），电流传感器没有采用传统的霍尔传感器，而是直接采集一小段汇流排两侧的电压来计算电流，这对汇流排的制造加工提出了很高要求。

a)

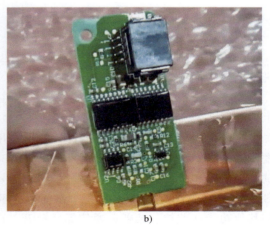

b)

图 8-28 特斯拉 Model S 电机控制器的电流传感器

10. 特斯拉 Model S 电机控制器三相输出与电动机三相输入

特斯拉 Model S 驱动系统的电机控制器三相输出汇流排直接连接电动机，省去了高压线束，节约了成本，同时节约了空间（图 8-29）。

 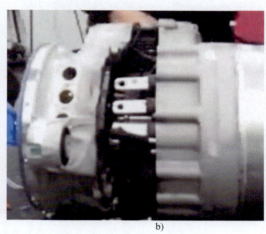

图 8-29　特斯拉 Model S 电机控制器三相输出端与电动机三相输入端

11. 特斯拉 Model S 电机控制器放电板

特斯拉 Model S 电机控制器每相的功率板都贴合在铝散热器上，铝散热器给 IGBT 和膜电容散热，膜电容被四面铝壳包围，散热面做到最大。其中有一相的铝制散热板壳体的外部还隐藏着一块小的 PCB 板，其上有一个功率电阻用来放电，它可以在 2~3s 内使电压下降 400V，这个电板的发热量很大，因此它也紧贴壳体，以加强散热。这个带功率电阻的 PCB 板就是特斯拉 Model S 电机控制器的放电板（图 8-30）。

 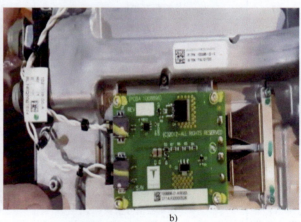

图 8-30　特斯拉 Model S 电机控制器放电板

七、特斯拉 Model S 电机控制器低压线束插接器及端子定义

特斯拉 Model S 电机控制器主要通过采集加速踏板信号、编码器信号、制动开关信号、档位信号等来控制电动机的运转，同时把蓄电池包的高压直流电转变成交流电输送给电动

机,电机控制器控制交流输出频率的大小来控制电动机的转速。特斯拉 Model S 电机控制器低压线束插接器与端子号如图 8-31 所示。

 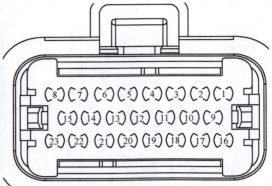

图 8-31　特斯拉 Model S 电机控制器低压线束插接器与端子号

特斯拉 Model S 电机控制器低压线束插接器（X250）及端子定义见表 8-2。

表 8-2　特斯拉 Model S 电机控制器低压线束插接器（X250）及端子定义

端子号	定义	信号型	接法
1	电源 12V+	电压	熔丝 F1-07
2	制动开关信号（常开信号）	电压	制动开关常开
3	制动开关信号（常闭信号）	电压	制动开关常闭
4	CAN-H	通信	X779-2
5	CAN-L	通信	X779-13
6	充电感应信号	电压	车载充电机-12
7	高压互锁输入	PWM	蓄电池管理器（BMS）
8	高压互锁输出	PWM	车载充电机-13
9	编码器电源 5V	电压	编码器-4
10	编码器信号 A	电压	编码器-3
11	搭铁（0V）	搭铁	外壳（蓄电池负极）
12	加速踏板电源 1(5V)	电压	加速踏板-1
13	加速踏板信号 1	电压	加速踏板-2
14	加速踏板信号 2	电压	加速踏板-5
15	加速踏板搭铁线 1	电压	加速踏板-3
16	编码器信号 B	电压	编码器-2
17	编码器信号搭铁	电压	编码器-1
18	编码器屏蔽线		
19	空脚		
20	空脚		
21	加速踏板电源 2(5V)	电压	加速踏板-6
22	加速踏板搭铁线 1	电压	加速踏板-4
23	电源 12V+	电压	熔丝 F2-35

1. 特斯拉 Model S 电动机编码器

编码器是传感器的一种，它主要用来检测机械运动的速度、位置、角度、距离或用来计数。它除了应用在机械设备中外，许多的伺服电动机也均配备编码器以供电机控制器控制换相和检测速度及位置，所以编码器应用范围相当广泛。

特斯拉 Model S 驱动系统跟国产电动汽车异步电动机一样，都采用了编码器来测量电动机的转速、监控电机的位置、判别电动机的正反转等。其编码器采用的是增量式的，增量式编码器是将位移转换成周期性的电信号，再把这个电信号转变成计数脉冲，用脉冲的个数表示位移的大小。通过脉冲的频率来计算出电动机的转速，而输出的脉冲量由编码器的信号齿决定，信号盘上有多少信号齿就输出多少个脉冲。特斯拉 Model S 编码器的电路如图 8-32 所示。

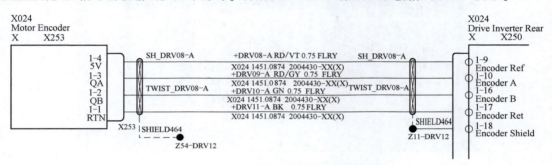

图 8-32 特斯拉 Model S 编码器的电路

通过图 8-32 可以看出特斯拉 Model S 的编码器是 4 条线的编码器，其中一条为电源线（5V），一条为地线，两条为信号线（A 信号和 B 信号），属于 4 线制的霍尔式编码器。

特斯拉 Model S 电动机编码器总成主要由编码器和编码器信号盘组成，编码器信号盘安装在电动机的转子上，随着电动机的运转，编码器信号盘也跟着运转，从而通过对旋转的信号齿引起的磁场变化进行检测和测量，实现测速和判向功能。特斯拉 Model S 电动机编码器信号盘是一个 36 齿的齿轮盘，即它的编码器是 36 脉冲的，该信号齿轮盘旋转一圈，编码器就输出 36 个脉冲。特斯拉 Model S 电动机的编码器和编码器信号盘如图 8-33 所示。

图 8-33 特斯拉 Model S 电动机的编码器和编码器信号盘

电动机编码器一般是用来测量电动机转速和转动方向的一种传感器，编码器工作时会输出脉冲信号，只要用一个定时器计算脉冲（该定时器定时 1s），获取若干个脉冲数进行计算，就可以知道单位时间有多少个脉冲了。而每转一周的脉冲数则是一固定数（如 64 个脉冲），用定时器 1s 获取的脉冲数除以脉冲轮一周的固定脉冲数就可以知道转速是多少了。例如 11 个脉冲的编码器 7.68ms 内 A 相脉冲计数为 7（图 8-34），就可以计算得到其转速：

$$v = (7/0.00768)/11(\text{r/s}) = 82.86(\text{r/s}) = 4972(\text{r/min})$$

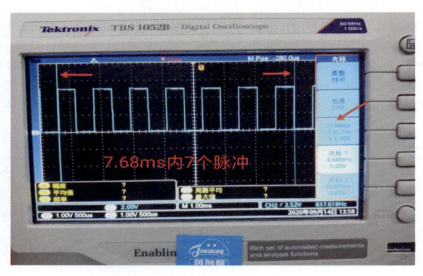

图 8-34　11 个脉冲的编码器测出的波形

判断电动机转向的编码器一般有三相或者二相的，二相编码器有 A、B 信号 2 条线，A、B 信号都为正弦波形经电路整形后转变为脉冲波信号输出，不过一般直接检测电平也可以。正转时 A 信号超前 B 信号 90°，反转时则 A 信号滞后 B 信号 90°。电动机正转时编码器的输出波形如图 8-35 所示。

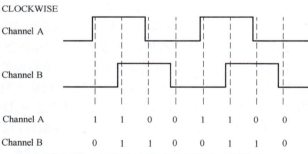

图 8-35　电动机正转时编码器的输出波形

电动机正转、反转编码器 A/B 信号输出波形分别如图 8-36、图 8-37 所示。

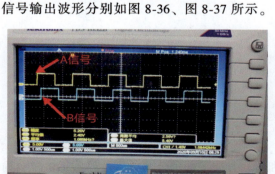

图 8-36　电动机正转编码器 A/B 信号输出波形

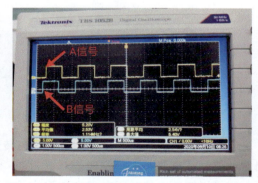

图 8-37　电动机反转编码器 A/B 信号输出波形

2. 特斯拉 Model S 加速踏板深度传感器

特斯拉 Model S 加速特性也是通过电子加速踏板来改变的，其采用电子加速踏板深度传感器的方案与国产电动汽车类型，都是采用两个位置传感器来获取驾驶人的驾驶意图，驾驶人通过踩下加速踏板来改变两个位置传感器的信号电压，同时把信号电压传输给电机控制器，从而控制电动机的转速。特斯拉 Model S 加速踏板深度传感器的电路如图 8-38 所示。

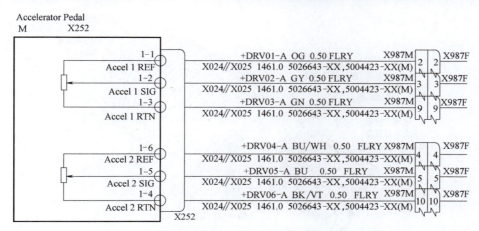

图 8-38　特斯拉 Model S 加速踏板深度传感器的电路

八、特斯拉 Model S 驱动系统的冷却系统

特斯拉 Model S 驱动系统的冷却系统也是一种比较先进的技术，其冷却系统与国产电动汽车驱动系统的冷却系统有着很大的差别，它的冷却系统不仅冷却电机控制器，还冷却电动机的转子轴、减速器，这也是它的最大先进之处。特斯拉 Model S 驱动系统的冷却系统整体结构如图 8-39 和图 8-40 所示。

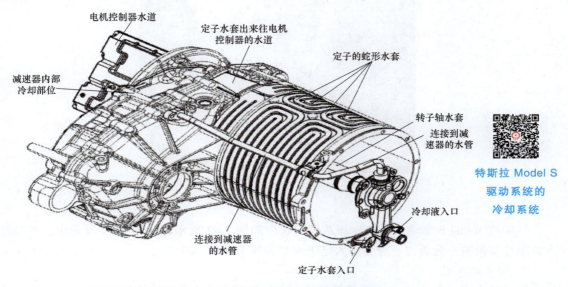

图 8-39　特斯拉 Model S 驱动系统的冷却系统整体结构一

冷却液入口处的冷却液温度大约为40℃，流量为15L/min。此时冷却液分两路：第一路流入转子轴水套，第二路经定子水套入口流入定子的蛇形水套。第一路与第二路冷却液流量比为2∶8。第一路冷却液离开转子轴，通过管道流向减速器，此时冷却液温度为46℃。第二路冷却液退出蛇形水套后，进入电机控制器，此时冷却液温度为44℃。

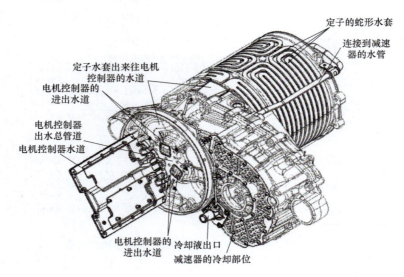

图8-40 特斯拉Model S驱动系统的冷却系统整体结构二

1. 冷却液入口（图8-41）

图8-41 冷却液入口

特斯拉Model S驱动系统的冷却系统剖视图如图8-42所示，从图8-42可看出，冷却液入口的冷却液被一分为二，分别进入定子水套和转子轴。

2. 转子轴水道

转子轴水道（图8-43）主要给转子冷却，转子轴水道内部结构图如图8-44所示。

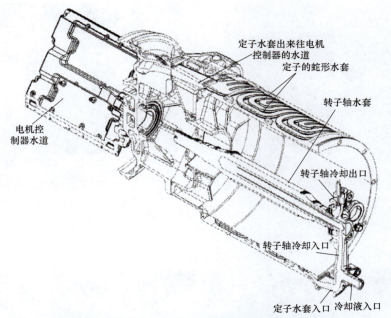

图 8-42　特斯拉 Model S 驱动系统的冷却系统剖视图

图 8-43　转子轴水道

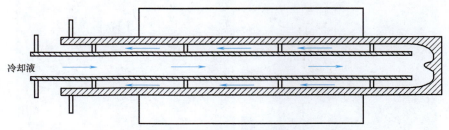

图 8-44　转子轴水道内部结构图

转子轴水道的出口与连接到减速器的水管连接处如图 8-45 所示。

3．连接到减速器的水管（图 8-46）

它主要用来连接转子轴水道出口与减速器冷却部位。

图 8-45　转子轴水道的出口与连接到减速器的水管连接处

图 8-46　连接到减速器的水管

4. 减速器冷却板（图 8-47）

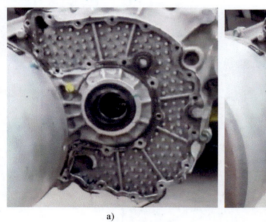
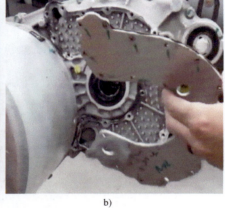

a)　　　　　　　　　　　　b)

图 8-47　减速器冷却板

5. 定子冷却水套入口（图 4-48）

a)　　　　　　　　　　　　b)

图 8-48　定子冷却水套入口

6. 定子的蛇形水套（图 8-49）

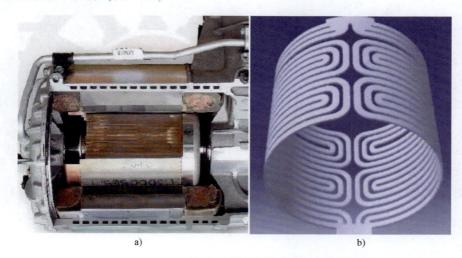

图 8-49　定子的蛇形水套

7. 定子水套出来往电机控制器的水道（图 8-50）

它主要连接定子的蛇形水套的出口与电机控制器水道的进水总管。

图 8-50　定子水套出来往电机控制器的水道

8. 电机控制器的进出水道（图 8-51）

特斯拉 Model S 电机控制器由 3 块铝制的控制板组成了一个外体圆形状，内部形成一个三角形空穴，使电机控制器更容易散热。每个控制板都配有一块铝制散热板，内部有水道，3 个铝制散热器的水道是彼此独立的，它们内部的冷却液是并联流动的，可以保证三相散热效果是一致的。每个散热板的另一端设了进出水道，因此 3 个散热板一共有 6 个水道。

9. 电机控制器水道（图 8-52）

它主要是电机控制器内部出水总管。

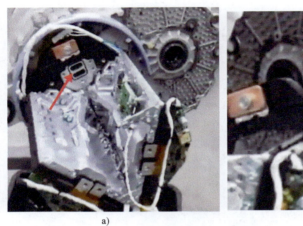
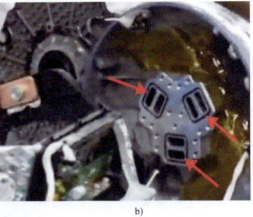

a)   b)

图 8-51 电机控制器的进出水道

图 8-52 电机控制器水道

10. 冷却液出口（图 8-53）

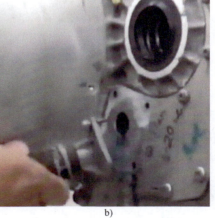

a)   b)

图 8-53 冷却液出口

九、特斯拉 Model S 的减速器与差速器

1. 特斯拉 Model S 的减速器

电动机输出的转动，需要通过减速机构传递到汽车主轴，电动汽车电动机本身具有足够宽的调速性能，因此减速器一般都采用单级减速器，只起到传递运动的作用。特斯拉 Model S 的减速器就是使用单级减速器作为传动装置。从结构上来说，单级减速器不需要换档机构、同步器和离合器，具有结构简单和高可靠性的特点。特斯拉 Model S 减速器结构如图 8-54 所示。

特斯拉 Model S 的减速器

图 8-54　特斯拉 Model S 减速器结构

特斯拉 Model S 采用了博格华纳公司生产的 31-01 eGear Drive 减速器，承载峰值转矩为 400N·m，最高输入转速为 14000r/min，传动效率为 97%。特斯拉 Model S 减速器减速并差速，但并不变速。31-01 eGear Drive 减速器采用了高速轴承以及两组平行轴斜齿轮。一般的变速器除了倒档齿轮采用直齿圆柱齿轮以外，为增加啮合度并改善 NVH 性能（降噪）都采用斜齿形式。特斯拉采用电动机调速，因此并不需要安装变速换档机构，使其减速器机构大大简化，但同样面临着电动机转速过高引起轴承和齿轮组等零部件磨损以及可靠性下降的问题。

由于高速轴承既要按高精度轴承要求，又要按高温轴承要求，所以在考虑其配合和游隙时，要顾及下面两点：①由常温升至高温时的尺寸变化和硬度变化；②高速下离心力所引起的力系变化和形状变化。这样一来，在高速、高温的条件下要力求保持轴承的精度和工作性能是有难度的。另外对于高速齿轮来说，其磨损以及发热问题使得其自身的制造精度以及材料的选取要求较高。对于特斯拉等电动汽车制造企业来说，工艺的精确程度是其制造生产的一个关键点。

齿轮高速啮合时的噪声问题是不可忽视的。特斯拉汽车运转时齿轮啮合产生的噪声极小。齿轮噪声的消除一般分为两个方面，一个是材料，一个是结构。相对材料分析而言，结构分析更加复杂。通过 CAD 以及有限元分析，可以将不同齿轮进行修形以改善啮合噪声问题。但是由于车速范围较宽，对于不同转速，其噪声源并不完全相同，因此降噪问题很复杂。

2. 特斯拉 Model S 的差速器

转动从电动机传递到汽车主轴以后，主轴两端的两个轮胎如果都与主轴完全同步转动，

则汽车内外侧轮胎永远等速运动，汽车就没有办法过弯了。于是，汽车用差速器把主轴从中间断开，两节主轴通过差速器配合运动。特斯拉 Model S 的差速器如图 8-55 所示。

图 8-55　特斯拉 Model S 的差速器

特斯拉 Model S 的差速器采用的是开放式差速器。但是，开放式差速器存在牵引力控制问题，即转矩均匀地施加到两个车轮上，牵引力控制系统限制了在不使车轮打滑的情况下可施加到每个车轮的最大转矩。为什么像特斯拉 Model S 这样的高级轿车使用开放式差速器而不是防滑差速器呢？因为开放式差速器更加坚固，可承载更大的转矩。利用选择性制动和切断动力源两种方法，可有效克服在差速器中发生的牵引力控制问题。在内燃机中，通过切断燃料来切断动力源，响应速度并不理想。然而，在异步电动机中，动力切断是相当灵敏的，并且这是进行牵引力控制的有效手段。在特斯拉汽车里，这一切都可以在传感器和控制器的帮助下使用最先进的算法来完成。简而言之，特斯拉电动机已经用智能软件取代了复杂的机械硬件系统。

特斯拉 Model S 使用开放式差速器还可以进行再生制动，这也是它最大的优点。电动汽车在再生制动期间，异步电动机也可作为发电机。这时，车轮驱动异步电动机的转子。在异步电动机中，转子转速低于旋转磁场的转速，要将电动机转换为发电机，只需确保转子转速大于旋转磁场的转速。电机控制器在调节输入电源频率和保持旋转磁场转速低于转子转速方面起着至关重要的作用。在再生制动过程中，一个相反的电磁力作用在转子上，所以驱动轮和汽车会慢下来，定子线圈产生的电力存储在蓄电池组中。这样在驾驶过程中使用单个踏板可以精确控制车辆速度。制动踏板可以让车辆完全停止。

【技能训练】

特斯拉 Model S 认知

1. 异步电动机有哪些类型？（　　）
A. 笼型　　　B. 串励式　　　C. 并励式　　　D. 绕线式　　　E. 永磁式
2. 新款的特斯拉 Model S 采用双电动机驱动，前电动机为（　　）的电动机，后电动机为（　　）的电动机。

A. 193kW　　B. 202kW　　C. 268kW　　D. 285kW

3. 特斯拉 Model S 编码器电源电压是多少？（　　）

A. 1V　　B. 2V　　C. 5V　　D. 12V　　E. 15V

4. 特斯拉 Model S 编码器一共有多少根线？（　　）

A. 3　　B. 4　　C. 5　　D. 6

5. 特斯拉 Model S 加速踏板传感器一共多少根线？（　　）

A. 3　　B. 4　　C. 5　　D. 6

6. 特斯拉 Model S 编码器是属于多少脉冲的？（　　）

A. 48　　B. 64　　C. 11　　D. 36

7. 特斯拉 Model S 电机控制器里的 IGBT 功率驱动板有几个？（　　）

A. 4　　B. 6　　C. 3　　D. 5

8. 特斯拉 Model S 采用的 31-01 eGear Drive 减速器是哪家公司生产的？（　　）

A. 博世　　B. 博格华纳　　C. 松下　　D. 恒宇正泰

9. 特斯拉 Model S 异步电动机的优缺点有哪些？

10. 为什么欧美国家电动汽车喜欢用异步电动机作为驱动电机？

11. 异步电动机如何维护？

【任务总结】

1. 特斯拉 Model S 单电动机后驱车型底盘构造主要由电动机、电机控制器、蓄电池包、主轴、变速器和差速器等组成。

2. 异步电动机的优点是：异步电动机的转速取决于交流电的频率，所以，只要控制交流电的频率，就可以控制电动机的转速，从而控制汽车驱动轮的转速。控制了驱动轮的转速，就控制了电动汽车的车速，这种控制方式简单可靠。

3. IGBT 功率驱动板的作用主要是将单片机脉冲输出的功率进行放大，以达到驱动 IGBT 功率器件的目的。在保证 IGBT 器件可靠、稳定、安全工作方面，IGBT 功率驱动板起到至关重要的作用。

4. 特斯拉 Model S 电动机编码器总成主要由编码器和编码器信号盘组成。

【实训工单】

实训工单 1　特斯拉 Model S 异步电动机编码器的测量

车型	特斯拉 Model S	工具	数字万用表、示波器、举升机
时间	45min		

具体实施如下：

1. 异步电动机编码器信号电压的测量

1）编码器 A 信号电压：_____。

2）编码器 B 信号电压：_____。

2. 异步电动机编码器信号波形的测量

1）挂前进档时编码器 AB 信号波形：

2）挂倒档时编码器 AB 信号波形：

3. 通过编码器以上波形计算出此时电动机的转速

特斯拉 Model S 编码器的额定脉冲：_____。

挂前进档时电动机转速：_____。

挂倒档时电动机转速：_____。

实训工单 2　特斯拉 Model S 加速踏板深度传感器的测量及驱动系统数据流的读取

车型	特斯拉 Model S	工具	数字万用表、示波器、举升机
时间	45min		

具体实施如下：
1. 加速踏板位置传感器信号电压的测量
1）信号 1 电压变化值：_____。
2）信号 2 电压变化值：_____。
2. 画出加速踏板位置传感器两信号电压的线性关系图

3. 特斯拉 Model S 驱动系统数据流的读取与分析

分析项目	数值	分析项目	数值
电机控制器输入端电压		电机控制器输出电压	
电动机转矩		电动机转速	
电机控制器输出电流		电机控制器输出频率	
加速踏板深度 1 电压		加速踏板深度 2 电压	
加速踏板开度 1		加速踏板开度 2	
电动机功率		加速踏板错误	
电动机转向		电动机开启状态	
制动踏板状态		档位状态	
与 BMS 通信状态		A 相 IGBT 温度	
A 相 IGBT 温度		A 相 IGBT 温度	

实训工单 3　特斯拉 Model S 动力总成的拆装

车型	特斯拉 Model S 动力总成	工具	升降机、工具一套，绝缘工具箱一套
时间	120min		

具体实施如下：

1. 变速器组件外观目视检查

状态记录	合格	不合格	处理意见
齿轮轮系转动			
主轴齿轮			
副轴齿轮 1			
副轴齿轮 2			
差速器组件			
后箱体轴承外圈			
主轴前轴承内外圈			
差速器油封			
主轴油封			

2. 驱动电机性能测试

序号	测试项目	技术要求		结果	判定
1	外观	电动机表面不应有锈蚀、碰伤、划痕，涂覆层不应有剥落，紧固件连接牢固，接线端完整无损			
2	标识	电动机铭牌标识清楚，字迹清晰，符合要求			
		工作电压：			
		最大功率：			
		最高转速：			
		防护等级：			
		绝缘等级：			
		型号：			
		最大转矩：			
3	空转检查	无定子转子相擦或异响			
4	冷却回路密封性	标准要求：			
5	冷态绝缘电阻	标准要求：		U-壳	
				V-壳	
		绝缘电阻表电压等级：		W-壳	
		标准要求：		U-温度传感器	
				V-温度传感器	
		绝缘电阻表电压等级：		W-温度传感器	

(续)

序号	测试项目	技术要求	结果		判定
6	绕组短路检查	测试条件:使用专用量具进行绕组间的电阻测量	U-V		
			V-W		
			W-U		
7	绕组断路检查	测试条件:使用专用工具转动电动机,通过专用量具测量电动机绕组间的电压	U-V		
			V-W		
			W-U		

3. 元件拆卸注意事项
☐检查设置隔离栏、安全警示牌;
☐检查灭火器压力值(水基、干粉);
☐检查绝缘手套;
☐检查防蓄电池电解液酸碱性手套、护目镜、安全帽;
☐穿戴绝缘鞋(进入工位前提前穿戴好);
☐进行数字绝缘测试仪检查;
☐选择四点检测绝缘垫绝缘性;
☐进行搭铁电阻测试仪检查;
☐检查数字万用表的电阻量程(校零);
☐分离变速器与电动机;
☐将润滑油排放干净;
☐检查润滑油是否排放干净;
☐交错拧开螺栓;
☐正确使用卡簧钳取下副轴轴承卡簧;
☐使用专用工具(拉码器)将副轴轴承从箱体中取出。

4. 元件装配注意事项
☐对差速器组件表面及差速器壳体内部进行清洁;
☐检查是否有卡滞;
☐对球轴承、圆柱滚子轴承、主轴、副轴表面进行清洁;
☐对变速器前箱体表面进行清洁;
☐对变速器后箱体表面进行清洁;
☐正确安装副轴轴承;
☐正确安装副轴轴承卡簧;
☐将油封装入变速器后箱体;
☐将合适厚度的调整垫片正确装入后箱体;
☐正确安装主轴组件;
☐正确安装副轴组件;
☐正确安装差速器组件;
☐使用专用工具正确紧固前后箱体总成;
☐使用专用工具正确紧固变速器箱体与电动机。

模块五

其他车型驱动系统

任务9　吉利帝豪 EV450 驱动系统故障诊断与排除

任务导入

有一天，黄先生的吉利帝豪 EV450 打开点火开关发现仪表板的 Ready 灯不亮，动力系统故障指示灯点亮，低压充电指示灯点亮，仪表板警告灯点亮，车辆无法运行。请为黄先生解决问题。

任务目标

1. 了解吉利帝豪 EV450 车载充电机的结构。
2. 了解吉利帝豪 EV450 车载充电机的内部互锁电路。
3. 了解吉利帝豪 EV450 电机控制器的结构。
4. 熟悉吉利帝豪 EV450 电动机的型号与基本性能参数。
5. 熟悉吉利帝豪 EV450 电动机的旋转变压器。

【任务知识】

一、吉利帝豪 EV450 车载充电机与高压配电板

吉利帝豪 EV450 车载充电机适用于交流 7kW 以下的充电，它的作用主要是

把 220V 的交流电变成直流高压给动力电池包充电。其在车上的位置如图 9-1 所示。

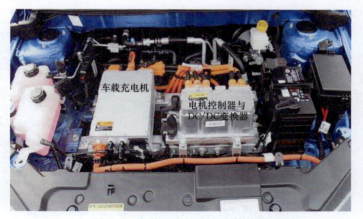

吉利帝豪 EV450 车载充电机

图 9-1　车载充电机在车上的位置

二、吉利帝豪 EV450 车载充电机的外部连接结构（图 9-2）

吉利帝豪 EV450 车载充电机的外部插接器或连接结构主要有动力电池包直流高压主母线插接器、电机控制器直流高压主母线插接器、交流充电高压插接器、压缩机和 PTC 高压插接器、进出水口以及 58pin 低压插接器。车载充电机正面和背面外部连接结构分别如图 9-3 和图 9-4 所示。

吉利帝豪 EV450 车载充电机的 58pin 低压插接器主要包含充电 CP 信号、CC 信号、充电温度、动力网、充电 LED、充电锁、高压互锁以及低压供电线束。

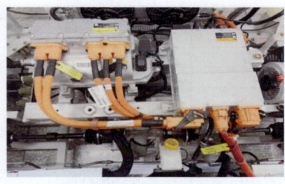

图 9-2　吉利帝豪 EV450 车载充电机的外部连接结构

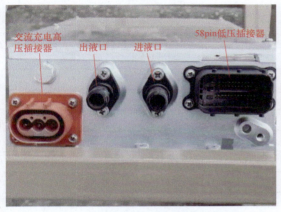

图 9-3　车载充电机正面外部连接结构

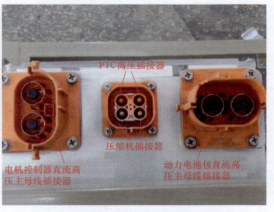

图 9-4　车载充电机背面外部连接结构

吉利帝豪 EV450 车载充电机的 58pin 低压插接器设备端引脚号和线束端引脚号分别如图 9-5 和图 9-6 所示。

图 9-5 设备端引脚号

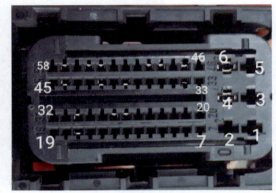

图 9-6 线束端引脚号

吉利帝豪 EV450 车载充电机的 58pin 低压插接器的引脚号定义见表 9-1。

表 9-1 吉利帝豪 EV450 车载充电机的 58pin 低压插接器的引脚号定义

引脚号	端口定义	线束接法	信号类型	备注
1	空脚			
2	空脚			
3	空脚			
4	常电(+12V)	EF27		
5	空脚			
6	搭铁线		GND	
7—16	空脚			
17	充电温度(-)	BV25/11		
18—25	空脚			
26	高压互锁(进)	BV11/4	12V 占空比	
27	高压互锁(出)	BV08/6	12V 占空比	
28—29	空脚			
30	电子锁检测	BV25/5		
31—33	空脚			
34	充电温度(+)	BV25/10		
35—38	空脚			
39	充电 CC 信号	BV25/8		
40	空脚			
41	LED1	BV25/2		
42—43	空脚			
44	充电锁(M+)	BV25/1		
45—46	空脚			

(续)

引脚号	端口定义	线束接法	信号类型	备注
47	LED2	BV25/3		
48	空脚			
49	LED3	BV25/4		
50	充电 CP 信号	BV25/9	PWM 信号	
51—53	空脚			
54	动力网 CANL	接动力网		
55	动力网 CANH	接动力网		
56	空脚			
57	充电锁(M−)	BV25/6		
58	空脚			

三、吉利帝豪 EV450 高压配电板

1. 吉利帝豪 EV450 高压配电板整体结构

吉利帝豪 EV450 高压配电板位于车载充电机的上层，分别配电到电机控制器、压缩机以及 PTC 等，其整体结构如图 9-7 所示。

图 9-7 中 A 为高压配电板正极配电片，它从左边连接动力电池包的主母线+，一路进入到下面蓝色的 PCB 板+，一路到右边的电机控制器主母线插接器+；B 为高压电负极配电片，它从左边连接动力电池包的主母线−，一路进入到下面蓝色的 PCB 板−，一路到右边的电机控制器主母线插接器−；C 为连接动力电池包主母线的高压插接器互锁线束；D 为车载充电机箱盖开关互锁；E 为三个熔（40A），分别是 PTC 熔、交流充电直流侧输入熔、压缩机熔；F 为交流充电转换后的直流高压输入，红为正极、黑为负极；G 为共模电感，起到抗干扰的作用（通直阻交）；H 为车载充电机高压互锁输入与输出，黑色为互锁输入端−(连接 BV10-26)，红色为互锁输出端−(连接 BV10-27)；J 为交流充电高压插接器的互锁线束；K 为车载充电机低压线束输出。

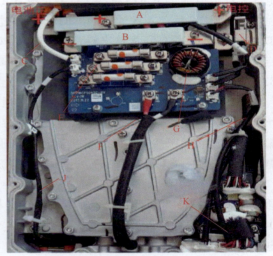

图 9-7 吉利帝豪 EV450 高压配电板整体结构

2. 吉利帝豪 EV450 高压配电板正面结构（图 9-8）

图 9-8 中的 A1 为 PCB 板直流高压正极输入端，其上游通过正极配电片连接到动力电池包主母线高压插接器正极；D1 为直流高压负极输入端，连接着负极配电片；A2 为交流充电直流侧正极熔丝输出端，通过 PCB 板内部连接着 A1；A3 为交流充电直流侧正极熔丝输

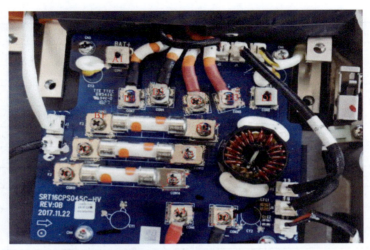

图 9-8 吉利帝豪 EV450 高压配电板正面结构

端，A3 上游连接着共模电感（抗干扰），下游连接着交流充电直流侧熔丝；A4 为交流充电转换成直流的正极输入端，A4 上游连接底层的车载充电机，下游连接着共模电感正极。交流充电直流侧正极电路：A4→共模电感正极→A3→交流充电直流侧熔丝→A2→A1→正极配电片→动力电池包主母线高压插接器正极（A2-A3 为交流充电直流侧熔丝）。

B1 为 PTC 熔丝正极输入端，B1 上游通过 PCB 内部连接着 A1，下游连接着 PTC 熔丝到 B2；B2 为 PTC 熔丝正极输出端，下游通过 PCB 内部连接着 B3；B3 为 PTC 的正极输出端，连接着 PTC 的高压插接器正极。PTC 的直流高压正极供电电路：A1→B1→PTC 熔丝→B2→B3→PTC 的高压插接器正极（B1-B2 为 PTC 直流高压供电熔丝）。

C1 为压缩机熔丝正极输入端，C1 上游通过 PCB 内部连接着 A1，下游连接着压缩机熔丝到 C2；C2 为压缩机熔丝正极输出端，下游通过 PCB 内部连接着 C3；C3 为压缩机的正极输出端，连接着压缩机的高压插接器正极。压缩机的直流高压正极供电电路：A1→C1→压缩机熔丝→C2→C3→压缩机的高压插接器正极（C1-C2 为压缩机直流高压供电熔丝）。

D1 为 PCB 板直流高压负极输入端，上游通过负极配电片连接到动力电池包主母线高压插接器负极；D2 为交流充电转换成直流的负极输入端，D3 为压缩机直流高压负极输出端，D4 为 PTC 直流高压负极输出端，而 D1、D2、D3、D4 都是通过 PCB 板内部贯通的。交流充电直流侧负极电路：D2→共模电感负极→D1→负极配电片连接到动力电池包主母线高压插接器负极。

3．吉利帝豪 EV450 高压配电板背面结构（图 9-9）

图 9-9 中的 A1 为 PCB 板直流高压正极输入端，上游通过正极配电片连接到动力电池包主母线高压插接器正极；D1 为直流高压负极输入端，连接着负极配电片，上游通过负极配电片连接到动力电池包主母线高压插接器负极；A2 为交流充电直流侧正极熔丝输出端，通过 PCB 板内部连接着 A1；A3 为交流充电直流侧正极熔丝输入端，A3 上游连接着共模电感的正极输出端 A6，下游连接着交流充电直流侧熔丝；A4 为交流充电转换成直流的正极输入端，A4 上游连接底层的车载充电机，下游连接着共模电感正极的输入端 A5。交流充电直流侧正极电路：A4→A5（共模电感正极输入端）→共模电感正极线圈→A6（共模电感正极输

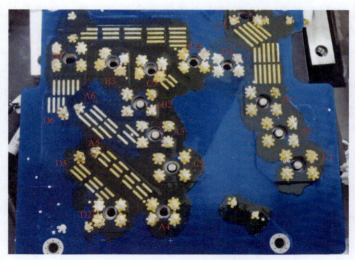

图9-9 吉利帝豪EV450高压配电板背面结构

出端）→A3→交流充电直流侧熔丝→A2→A1→正极配电片→动力电池包主母线高压插接器正极（A2-A3为交流充电直流侧熔丝）。

B1为PTC熔丝正极输入端，B1上游通过PCB内部连接着A1，下游连接着PTC熔丝到B2；B2为PTC熔丝正极输出端，下游通过PCB内部连接着B3；B3为PTC的正极输出端，连接着PTC的高压插接器正极。PTC的直流高压正极供电电路：A1→B1→PTC熔丝→B2→B3→PTC的高压插接器正极（B1-B2为PTC直流高压供电熔丝）。

C1为压缩机熔丝正极输入端，C1上游通过PCB内部连接着A1，下游连接着压缩机熔丝到C2；C2为压缩机熔丝正极输出端，下游通过PCB内部连接着C3；C3为压缩机的正极输出端，连接着压缩机的高压插接器正极。压缩机的直流高压正极供电电路：A1→C1→压缩机熔丝→C2→C3→压缩机的高压插接器正极（C1-C2为压缩机直流高压供电熔丝）。

D1为PCB板直流高压负极输入端，上游通过负极配电片连接到动力电池包主母线高压插接器负极；D2为交流充电转换成直流的负极输入端，D3为压缩机直流高压负极输出端，D4为PTC直流高压负极输出端，而D1、D3、D4都是通过PCB板内部贯通的。交流充电直流侧负极电路：D2→D5（共模电感负极输入端）→共模电感负极线圈→D6（共模电感负极输出端）→D1→负极配电片连接到动力电池包主母线高压插接器负极。

在配电板的下方放置了一块绝缘垫（图9-10），以防止配电板的正极与壳体接触。

四、吉利帝豪EV450车载充电机内部互锁结构

吉利帝豪EV450车载充电机内部互锁（图9-11）主要包括动力电池包主母线高压插接器的互锁、电机控制器主母线高压插接器的互锁、PTC与压缩机的高压插接器的互锁、交流充电高压插接器的互锁以及吉利帝豪EV450车载充电机箱盖的开关互锁。

图9-11中A为吉利帝豪EV450车载充电机内部互锁的输入与输出插接器，黑色线为互锁输入（连接着BV10-26），红色线为互锁输出（连接着BV10-27）；B为互锁中间转换插接器；C也为互锁中间转换插接器；D为电机控制器主母线高压插接器的互锁；E为交流充电高压插接器的互锁；F为动力电池包主母线高压插接器的互锁；G为PTC与压缩机的高压插

接器的互锁；H 为吉利帝豪 EV450 车载充电机箱盖的开关互锁，位置是红色箭头所指之处。吉利帝豪 EV450 车载充电机内部互锁电路简图如图 9-12 所示。

图 9-10　高压配电板的绝缘垫

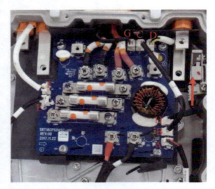

图 9-11　吉利帝豪 EV450 车载充电机内部互锁结构

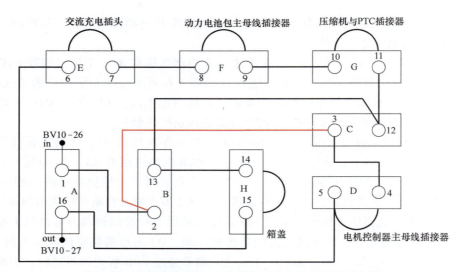

图 9-12　吉利帝豪 EV450 车载充电机内部互锁电路简图

图 9-12 中的吉利帝豪 EV450 车载充电机内部互锁电路从 BV10-26 进，从 BV10-27 出，其电路走向：BV10-26→1→2→3→4→5→6→7→8→9→10→11→12→13→14→15→16→BV10-27。

在吉利帝豪 EV450 车载充电机上层的角落里的低压线束的连接处，有 PCB 板，上面有 3 个共模电感，主要对低压线束进行滤波（起到抗干扰的作用）。低压线束输出处如图 9-13 所示。

图 9-13 中的 A 为高压互锁的输入与输

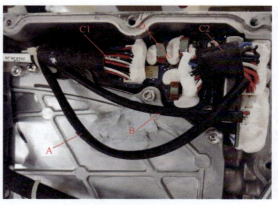

图 9-13　低压线束输出处

出线束，B 为下层车载充电机输上来的 LED 线束，C1 为底层车载充电机输过来的线束（主要有 CP、CC、动力网、充电温度、充电锁、低压供电等线束），D 为共模电感，C2 为经过共模电感滤波后的车载充电机信号线束。

五、吉利帝豪 EV450 车载充电机冷却水道

吉利帝豪 EV450 车载充电机冷却水道（图 9-14）位于车载充电机的中部，主要对下层的车载充电机进行冷却。

图 9-14　吉利帝豪 EV450 车载充电机冷却水道

六、吉利帝豪 EV450 车载充电机结构

拆开吉利帝豪 EV450 车载充电机底层箱盖，可以看到车载充电机的主控板，如图 9-15 所示。

图 9-15　吉利帝豪 EV450 车载充电机主控板

图 9-15 中 A 为交流充电的 PE（地）输入，B 为交流充电的 N 线输入，C 为交流充电的 L 线输入，D 为车载充电机直流高压正极输出，E 为车载充电机直流高压负极输出，D 和 E 直接到车载充电机的上层的 A4 和 D2。

拆开吉利帝豪 EV450 车载充电机主控板后可以看到车载充电机的内部结构元件，如图 9-16 所示。

吉利帝豪EV450电机控制器结构与DC/DC变换器

图 9-16　车载充电机的内部结构元件

车载充电机的内部结构元件主要有升降压电感、电解电容、共模电感、IGBT 模块以及 IGBT 模块功率驱动板等。其中 IGBT 模块紧贴在铝制散热板上，而铝制散热板则紧贴在中部的冷却水道上。内置底板放有绝缘垫。

七、吉利帝豪 EV450 的电机控制器与 DC/DC 变换器

吉利帝豪 EV450 把电机控制器与 DC/DC 变换器集成一个控制盒里，简称为电控二合一。其中电机控制器在整个控制盒的上层，而 DC/DC 变换器则在控制盒的下层。吉利帝豪 EV450 电机控制器的线束连接结构如图 9-17 所示。

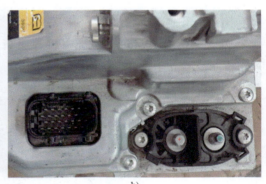

a)　　　　　　　　　　　　　　b)

图 9-17　吉利帝豪 EV450 电机控制器的线束连接结构

打开控制盒盖子，可以看到直流高压"+、-"输入电缆、箱盖的开关式互锁以及驱动电机的三相电输出电缆，控制盒的侧边有电机控制器的低压线束插接器以及 DC/DC 变换器的"+、-"输出端。

1. 吉利帝豪 EV450 电机控制器的整体结构

电机控制器一般主要由控制器的预充电容、IGBT 模块、IGBT 模块功率驱动板、电机控制器主控板、电流传感器以及低压线束插接器等组成。吉利帝豪 EV450 电机控制器的内部结构也有以上这些主要部件，其整体结构如图 9-18 所示。

拆开控制盒的上层盖就可以看到吉利帝豪 EV450 电机控制器的整体结构，

吉利帝豪 EV450 电机控制器的拆检

图 9-18 中的 A 为直流高压"+、-"输入接线端，B 为电机控制器的预充电容，C 为电流传感器，D 为电动机三相电输出接线端，E 为 IGBT 模块功率驱动板，F 为高压互锁插接器（连接着控制盒盖的互锁），G 为被铝盖盖住的电机控制器主控板，H 为主控板与驱动板的连接线束，K 为整个电机控制器的低压线束插接器。

2. 吉利帝豪 EV450 电机控制器的侧面结构

图 9-18　吉利帝豪 EV450 电机控制器的整体结构

吉利帝豪 EV450 电机控制器的侧面结构主要有 DC/DC 变换器的直流高压接入端、压敏电容等部件，如图 9-19 所示。

图 9-19 中的 A 为电机控制器预充电容的直流高压正极输入端，B 为电机控制器预充电容的直流高压负极输入端，C 为 DC/DC 变换器直流高压正极接入端，D 为 DC/DC 变换器直流高压负极接入端（C 和 D 连接），E 为直流高压输入正极的压敏电容，F 为直流高压输入负极的压敏电容。压敏电容起到安全保护的作用，就是当电路中突然发生高电流、高电弧的时候，压敏电容会把电路中的高电流、高电弧消除掉（类似于防雷器的功能）。此处正极的压敏电容一端连接着正极、一端连接着电机控制器的外壳；负极的压敏电容一端连接着电路中的负极、一端同样是连接着电机控制器的外壳。

图 9-19　吉利帝豪 EV450 电机控制器的侧面结构

3. 吉利帝豪 EV450 的预充电容

吉利帝豪 EV450 的预充电容采用的规格是 450V DC、500μF，其电容有 1 处"+、-"输入（图 9-19 所示的 A 和 B），有 3 处"+、-"输出（图 9-20），输出分别连接着 IGBT 模块的直流高压"+、-"输入。

图 9-20　吉利帝豪 EV450 的预充电容及其输出端

4. 吉利帝豪 EV450 的 IGBT 模块

吉利帝豪 EV450 的 IGBT 模块与 2019 款比亚迪 e5 的差不多，一共三大块 IGBT 模块，每个里面都集成了 IGBT 单体和整流二极管，吉利帝豪 EV450 的 IGBT 模块如图 9-21 所示，其表面紧贴在铝制散热板上，每个模块都有直流高压"+、-"输入，而另一端则是三相交流电的输出，侧面连接着 IGBT 功率驱动板。

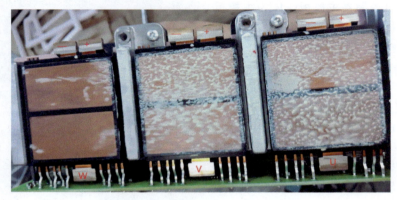

图 9-21　吉利帝豪 EV450 的 IGBT 模块

5. 吉利帝豪 EV450 的功率驱动板

吉利帝豪 EV450 的功率驱动板（图 9-22）的作用与其他车型的一样，都是将单片机脉冲输出的功率放大，以达到驱动 IGBT 功率器件的目的。在保证 IGBT 器件可靠、稳定、安全工作方面，IGBT 功率驱动电路起到至关重要的作用。它把控制器输出的电平信号，变换成能够可靠驱动 IGBT 的信号，另外它还有隔离、保护的作用。其上面也集成了很多 IGBT 驱动电阻。

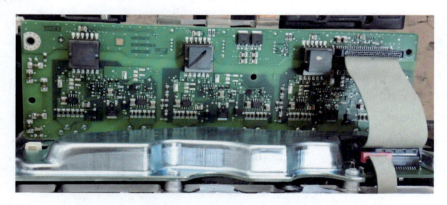

图 9-22　吉利帝豪 EV450 的功率驱动板

6. 吉利帝豪 EV450 的电机控制器主控板

电机控制器主控板起到整个电机控制器的中心处理器的作用，吉利帝豪 EV450 的电机控制器主控板（图 9-23）对内连接着驱动板的控制信号、高压互锁信号以及 DC/DC 变换器的通信信号；对外连着 28pin 低压线束插接器。吉利帝豪 EV450 电机控制器的设备端与线束端低压插接器如图 9-24 所示。

图 9-23 吉利帝豪 EV450 的电机控制器主控板

图 9-24 吉利帝豪 EV450 电机控制器的设备端与线束端低压插接器
a) 设备端低压插接器 b) 线束端低压插接器

吉利帝豪 EV450 电机控制器低压插接器的引脚号与定义见表 9-2。

表 9-2 吉利帝豪 EV450 电机控制器低压插接器的引脚号与定义

引脚号	端口定义	线束接法	信号类型	备注
1	高压互锁(进)	CA67-76	12V 占空比	
2	空脚			
3	空脚			
4	高压互锁(出)	BV10-26	12V 占空比	
5	电动机温度 2+	BV13-3		
6	电动机温度 1-	BV13-2		
7	电动机温度 1+	BV13-1		
8	空脚			
9	空脚			
10	旋转变压器屏蔽线	BV13-5		
11	搭铁线	车身搭铁	GND	
12	空脚			
13	电动机温度 2-	BV13-4		

(续)

引脚号	端口定义	线束接法	信号类型	备注
14	WAKE UP	CA66-16	唤醒信号	
15	旋转变压器励磁+	BV13-12		
16	旋转变压器 COS-	BV13-7		
17	旋转变压器 SIN-	BV13-9		
18	空脚			
19	空脚			
20	动力网 CANH	接动力网	P-CAN-H	
21	动力网 CANL	接动力网	P-CAN-L	
22	旋转变压器励磁-	BV13-11		
23	旋转变压器 COS+	BV13-8		
24	旋转变压器 SIN+	BV13-10		
25	IG2 电+12V	IF18	12V	
26	常电+12V	EF32	12V	
27	C-CAN-H			
28	C-CAN-L			

7. 吉利帝豪 EV450 的 DC/DC 变换器

吉利帝豪 EV450 的 DC/DC 变换器安装在电机控制器的底层，其内部结构主要由 DC/DC 控制板、IGBT 模块、升降压电感、共模电感、磁环等组成。吉利帝豪 EV450 的 DC/DC 变换器内部结构如图 9-25 所示。

图 9-25　吉利帝豪 EV450 的 DC/DC 变换器内部结构

图 9-25 中，A 为直流高压负极输入端，B 为直流高压正极输入端，C 为 IGBT 模块，D 为升降压电感，E 为电机控制器的进出水管，F 为直流低压正极输出（13.8V），G 为直流低压负极输出。其中 A 与 B 连接着上层电机控制器预充电容的"+、-"，F 处上游有 2 个磁环（被铝制板盖住），此处的磁环有防干扰的作用。

八、吉利帝豪 EV450 驱动电机的性能参数

吉利帝豪 EV450 的驱动电机采用的是永磁同步电动机，吉利帝豪 EV450 的驱动电机性能参数如图 9-26 所示。

吉利帝豪 EV450 的动力总成

图 9-26　吉利帝豪 EV450 的驱动电机性能参数

【技能训练】

一、车载充电机故障诊断与排除

一辆吉利帝豪 EV450 打开点火开关后发现仪表板 Ready 灯不亮，动力故障指示灯点亮，低压充电指示灯点亮，车辆无法运行。车载充电机故障现象如图 9-27 所示。

图 9-27　车载充电机故障现象

车辆被拖回吉利 4S 店，维修人员用诊断仪连接后发现无法进入车载充电机系统，怀疑是车载充电机低压供电故障或通信故障。经检查发现车载充电机的低压插接器 BV10-4 没有 12V 电，查阅维修手册找到此供电熔丝 EF27，用万用表测量测得一端有 12V，一端没有 12V，拔出该熔丝发现熔断，更换熔丝后，车辆恢复正常。

二、电机控制器故障诊断与排除

一辆吉利帝豪 EV450 打开点火开关后发现仪表板 Ready 灯不亮，动力故障指示灯点亮，低压充电指示灯点亮，仪表板警告灯也点亮，车辆无法运行。电机控制器故障现象如图 9-28 所示。

车辆被拖回吉利 4S 店，维修人员用诊断仪连接后发现无法进入电机控制器系统，怀疑是电机控制器低压供电故障或通信故障。经检查发现车载充电机的低压插接器 BV11-26 没有

图 9-28 电机控制器故障现象

12V 电，查阅维修手册找到此供电熔丝 EF32，用万用表测量测得一端有 12V，一端没有 12V，拔出该熔丝发现熔断，更换熔丝后，车辆恢复正常。

【任务总结】

1. 吉利帝豪 EV450 车载充电机的外部插接器或连接结构主要有动力电池包直流高压主母线插接器、电机控制器直流高压主母线插接器、交流充电高压插接器、压缩机和 PTC 高压插接器、进出水口以及 58pin 低压插接器。

2. 吉利帝豪 EV450 车载充电机内部互锁主要包括动力电池包主母线高压插接器的互锁、电机控制器主母线高压插接器的互锁、PTC 与压缩机的高压插接器的互锁、交流充电高压插接器的互锁以及吉利帝豪 EV450 车载充电机箱盖的开关互锁。

3. 吉利帝豪 EV450 的预充电容采用的规格是 450V DC、500μF。

4. 压敏电容起到安全保护的作用，就是当电路中突然发生高电流、高电弧的时候，压敏电容会把电路中的高电流、高电弧消除掉（类似于防雷器的功能）。

5. 吉利帝豪 EV450 的 DC/DC 变换器安装在电机控制器的底层，其内部结构主要由 DC/DC 控制板、IGBT 模块、升降压电感、共模电感、磁环等组成。

【实训工单】

实训工单 1　吉利帝豪 EV450 车载充电机故障诊断与排除

车型	比亚迪电动汽车	工具	比亚迪 VDS2000 诊断仪、数字万用表
时间	90min		

具体实施如下：

1. 填写车辆信息

请在以下区域填写		扣分	判罚依据
记录车辆信息	整车型号： 车辆识别码： 工作电压： 蓄电池容量： 电机型号： 里程表读数：		

2. 故障点诊断与排除记录表（记录表数量与故障点数量一致）

作业项目	作业内容				备注
故障现象确认					确认并记录故障现象
模块通信状态及故障码检查					
正确读取数据	项目	数值	单位	判断	如果无相关数据则无须填写
清除故障码并再次读取	确认故障码是否再次出现，并填写结果 □ 无 DTC　　□ 有 DTC：				
确定故障范围	电路/插接器外观及连接情况 □正常　□不正常 零件安装等 □正常　□不正常				
部件/电路测试	部件/电路范围	检查或测试后的判断结果			注明测试条件、插件代码和编号控制单元引脚代号以及测量结果
		□ 正常		□ 不正常	
		□ 正常		□ 不正常	
		□ 正常		□ 不正常	
		□ 正常		□ 不正常	
		□ 正常		□ 不正常	
		□ 正常		□ 不正常	
		□ 正常		□ 不正常	
		□ 正常		□ 不正常	
		□ 正常		□ 不正常	

(续)

作业项目	作业内容			备注
故障部位确认和排除	故障类型	确认的故障位置	排除处理说明	
	电路故障		□更换 □维修 □调整	
	元件故障		□更换 □维修 □调整	
结果分析	过程分析：_____ _____ _____ _____ _____ _____ _____ 测量结论：_____ _____ _____ _____ _____ _____ _____			

实训工单 2　吉利帝豪 EV450 电机控制器故障诊断与排除

车型	比亚迪电动汽车	工具	比亚迪 VDS2000 诊断仪、数字万用表
时间	90min		

具体实施如下：
1. 填写车辆信息

	请在以下区域填写	扣分	判罚依据
记录车辆信息	整车型号： 车辆识别码： 工作电压： 蓄电池容量： 电机型号： 里程表读数：		

2. 故障点诊断与排除记录表（记录表数量与故障点数量一致）

作业项目	作业内容				备注
故障现象确认					确认并记录故障现象
模块通信状态及故障码检查					
正确读取数据	项目	数值	单位	判断	如果无相关数据则无须填写
清除故障码并再次读取	确认故障码是否再次出现，并填写结果 □ 无 DTC　□ 有 DTC：				
确定故障范围	电路/插接器外观及连接情况 □正常　□不正常 零件安装等 □正常　□不正常				
部件/电路测试	部件/电路范围	检查或测试后的判断结果			注明测试条件、插件代码和编号控制单元引脚代号以及测量结果
		□正常		□不正常	
		□正常		□不正常	
		□正常		□不正常	
		□正常		□不正常	
		□正常		□不正常	
		□正常		□不正常	
		□正常		□不正常	
		□正常		□不正常	

新能源汽车驱动系统

(续)

作业项目	作业内容			备注
故障部位确认和排除	故障类型	确认的故障位置	排除处理说明	
	电路故障		□更换□维修□调整	
	元件故障		□更换□维修□调整	
结果分析	过程分析：_____ _____ _____ _____ _____ 测量结论：_____ _____ _____ _____ _____ _____			

任务10　低速电动汽车驱动系统的故障诊断与排除

任务导入

考虑低速电动汽车速度慢，动力电池电压低，比较安全，65岁的陈先生日前买了一辆低速电动汽车作为代步工具，一天他突然发现车仪表板报警，车辆无法运行，他去找相关人士解决。请思考低速电动汽车仪表板报警由哪些故障造成？

任务目标

1. 了解低速电动汽车驱动电机系统的功能和作用。
2. 了解低速电动汽车驱动电机的性能要求。
3. 了解低速电动汽车电机控制器的结构和工作原理。
4. 能够识别低速电动汽车驱动电机系统的组成部件。
5. 能够描述低速电动汽车驱动电机系统的工作原理及特点。

【任务知识】

一、驱动电机

本任务所介绍的低速电动汽车的车型的驱动电机采用的是 5kW 三相交流异步电动机，采用风冷的方式。其外观构造如图 10-1 所示。

低速电动汽车驱动系统

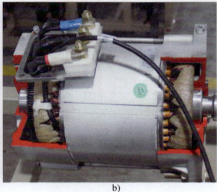

a)　　　　　　　　　　　　　　b)

图 10-1　低速电动汽车驱动电机外观构造

该驱动电机的性能参数：额定功率为 5kW、额定电压为 51V AC、额定转速为 3000 r/min、最高转速可达 6800r/min、输出最大转矩为 80Nm。其内部结构主要由定子铁心、定子绕组、转子、三相输入电缆、电动机编码器、编码器信号盘以及电动机温度传感器等组成。低速电动汽车驱动电机内部构造如图 10-2 所示。

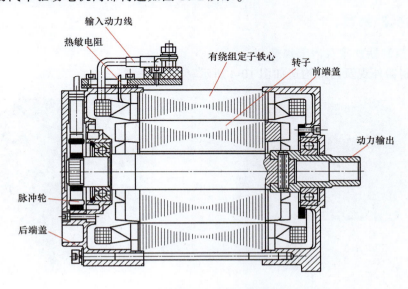

图 10-2　低速电动汽车驱动电机内部构造

二、驱动电机电气电路的连接（图 10-3）

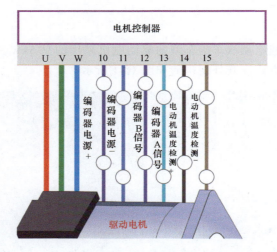

图 10-3　驱动电机电气电路的连接

传感器和电源说明：

1）驱动电机内有两组转子位置检测编码器 A 和 B，当转子转一圈时，位置传感器输出 64 个脉冲信号，驱动电机转子顺时针转动时，编码器 A 信号超前编码器 B 信号 90°。

2）驱动电机内还设有一组温度检测线，它用来检测驱动电机工作时的温度，防止驱动电机在工作时过热，如果遇到过热可及时切断电源。

3）三根主电源线中的电源是由电机控制器供给驱动电机工作的三相变频交流电。

三、电机控制器

1. 电机控制器外观及内部构造

电机控制器外观及内部构造如图 10-4 所示。

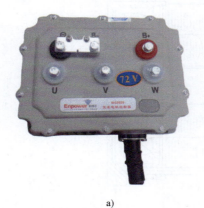

a)

b)

图 10-4　电机控制器外观及内部构造

2. 驱动电机控制系统原理

驱动电机控制系统原理框图如图 10-5 所示。

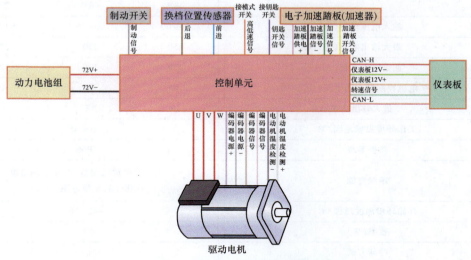

图 10-5　驱动电机控制系统原理框图

3. 电机控制器与驱动电机的高压电路连接

电机控制器与驱动电机的高压电路连接如图 10-6 所示。

4. 电机控制器特性

1) 相比于直流电动机驱动系统，交流驱动系统可以实现更宽的电动机调速范围，从而提高车辆的变速行驶性能，交流电机无电刷、全密闭、免维护，系统可靠性大大提高，交流系统能达到更高的效率，实现灵活的能量回馈控制，从而能有效地提升续航里程。

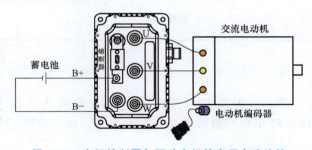

图 10-6　电机控制器与驱动电机的高压电路连接

2) 由于选用了大功率 MOSFET 管作为功率器件，使得驱动系统具有低噪声、高效率的能量转换特性。

3) 采用矢量控制算法，可实现控制器对电动机转矩、转速的精确控制。

4) 具有制动或者反向能量回馈控制，能提升车辆的续驶里程。

5) 具有坡路防倒溜功能，能提高驾驶的安全性。

6) 参数可灵活调节，如调节车辆的操纵性能，以满足不同路况和各种使用环境的要求。

7) 蜂鸣器提示各种故障，方便检修。

8) 具有加速器故障、欠电压、过电压、过电流、过热等保护功能，提升了系统的可靠性。

9) CAN 总线通信。

四、电机控制器的主要参数

电机控制器的主要参数见表 10-1。

表 10-1 电机控制器的主要参数

产品规格		MC3528		
		48V	60V	72V
电气性能	输入电压范围(DC)/V	30~60	40~75	50~96
	最大输出电流(AC)/A	350	350	350
	额定输出电流(AC)/A	120	120	120
	电机控制器起动电压(DC)/V	40	40	45
	最大输出功率/kW	15	18	21
工作环境温度范围/℃		-30~55		
防护等级		IP66		
绝缘性能		输入输出对机壳 DC 1000V 漏电流 0.05mA,绝缘电阻 20MΩ		
存储环境温度范围/℃		-40~70		
效率(%)		98		
冷却方式		风冷		
振动标准		GB/T 2423		
电动机控制方法		带速度传感器的矢量控制		
通信方式		CAN 通信		
散热要求		电机控制器必须安装在通风良好的地方,否则需增加强制风冷		

五、电机控制器接线端子及端子的定义（图 10-7）

注意：①图 10-7 中所示端子方向均为进线方向；②仪表板 12V 接 DC 输出 12V，MC3258 电机控制器带 CAN 通信功能，由仪表板 12V 供电。

六、异步电动机编码器

1. 编码器的作用与原理

编码器是将信号（如比特流）或数据进行编制、转换为可用以通信、传输和存储的信号形式的设备。电动机编码器一般是用来测量电动机转速和转动方向的一种传感器。

电动机编码器的原理是将位移转换成周期性的电信号，再把这个电信号转变成计数脉冲，用脉冲的个数表示位移的大小。通过脉冲的频率（或单位时间内的脉冲数）可计算出电动机的转速，而输出的脉冲量由编码器的信号齿决定，信号盘上有多少信号齿就输出多少个脉冲。

2. 编码器的分类

（1）按码盘的刻孔方式不同分类

1）增量型：就是每转过单位的角度就发出一个脉冲信号（也有的发正余弦信号，然后对其进行细分，斩波出频率更高的脉冲），通常为 A 相、B 相，A 相、B 相为相互延迟 1/4 周期的脉冲输出，根据延迟关系可以区别正反转。

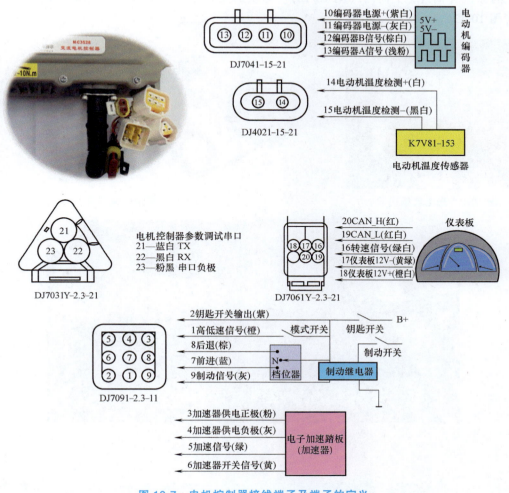

图 10-7　电机控制器接线端子及端子的定义

2）绝对值型：就是对应一圈，每个基准的角度发出一个唯一与该角度对应二进制的数值，通过外部记圈器件可以进行多个位置的记录和测量。

（2）按编码器脉冲输出不同分类　编码器可分为 48 脉冲、64 脉冲、36 脉冲编码器等。"黄蓝白黑"是 48 脉冲编码器；"黄黑白蓝"是 64 脉冲编码器（图 10-8）。

（3）按编码器工作原理不同分类　编码器可分为光电式编码器（图 10-9）、霍尔式编码器（图 10-10）。

3．编码器的安装要求

1）编码器必须安装到位，未安装到位则会影响其信号强弱的输出，输出弱信号则会影响电动机的运转。图 10-11 所示为编码器未安装到位。

2）编码器安装方向不能反，若安装反了则会影响电动机运转。正确的安装方向为编码

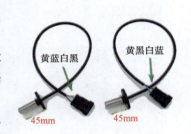

图 10-8　48 脉冲与 64 脉冲编码器

179

器上的标识 X 向外、Y 向内（图 10-12）。错误的安装方向为编码器上的标识 Y 向外、X 向内（图 10-13）。

图 10-9 光电式编码器

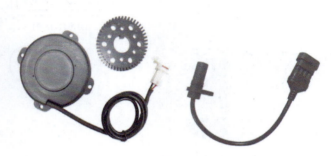

图 10-10 霍尔式编码器

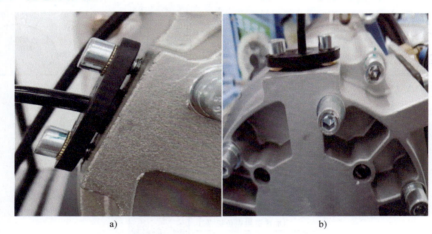

a)   b)

图 10-11 编码器未安装到位

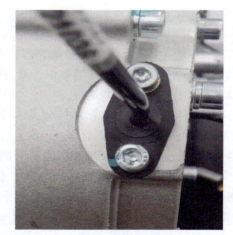

图 10-12 编码器上的标识 X 向外、Y 向内　　　图 10-13 编码器上的标识 Y 向外、X 向内

4. 编码器常见故障

1）编码器本身故障：是指编码器本身元器件出现故障，导致其不能产生和输出正确的

波形。这种情况下需更换编码器或维修内部器件。

2）编码器连接电缆故障：这种故障出现的几率最高，维修中经常遇到，应是优先考虑的因素。通常为编码器电缆断路、短路或接触不良，这时需更换电缆或插接器。还应特别注意是否是由于电缆固定不紧而造成松动引起的开焊或断路，这时须卡紧电缆。

3）编码器+5V电源下降：是指+5V电源过低（通常不能低于4.75V），造成过低的原因是供电电源故障或电源传送电缆阻值偏大而引起损耗，这时须检修电源或更换电缆。

4）编码器电缆屏蔽线未接或脱落：这会引入干扰信号，使波形不稳定，影响通信的准确性，必须保证屏蔽线可靠地焊接及搭铁。

5）编码器安装松动：这种故障会影响位置控制精度，造成停止和移动中位置偏差量超差，甚至刚一开机即产生伺服系统过载报警，应特别注意。

6）表面污染：这会使信号输出幅度下降，必须用脱脂棉沾无水酒精轻轻擦除油污。

7）安装方向错误。

【技能训练】

故障现象：电机控制器接线都正常，轻踩加速踏板后发现车不走，或者以很慢的速度抖动是怎么回事？

故障分析：这种情况说明电机控制器开始有输出，有2种可能性：

1）电动机编码器正常，但是电动机相序不对，需要调换电动机的U、V或者V、W两相。

2）电动机编码器异常，比如编码器供电异常、断线、端子接触不良、端子线序错误、编码器损坏。

注意：只有在编码器正常的情况下，更换电动机相序才有效。

故障现象：电机控制器接线都正常，踩加速踏板后发现车在前进档时倒退，在后退档时前进是怎么回事？

故障分析：这种情况出现时不能调整档位器的前进/后退。控制器的前进与后退档位不可以随意改动。当出现运行方向相反的情况时，选择以下方法处理：

1）调整电动机相序，调换电机的U、V或者V、W两相。

2）将电动机编码器的A/B信号调换位置。

故障现象：打开钥匙开关，发现踩加速踏板后没有任何反应是怎么回事？

故障分析：出现这种情况时，可以从以下几个方面来判断：

1）打开钥匙开关时，电机控制器里面的接触器会吸合，接触器吸合的声音能清楚地听到，如果没有听到接触器吸合的声音，应检查电机控制器KSI信号是否正确连接。

2）用上位机软件检查方向信号、制动信号是否正常，并检查加速踏板是否正确连接。电机控制器有输出的前提条件：有方向信号；无制动信号；加速踏板有输出。不具备ECU监控的条件时，须人工检查。

【任务总结】

1. 本任务中的低速电动汽车的驱动电机性能参数是：额定功率为5kW、额定电压为51V AC、额定转速为3000r/min、最高转速可达6800r/min、输出最大转矩为80Nm。

2. 编码器是将信号（如比特流）或数据进行编制、转换为可用以通信、传输和存储的信号形式的设备。电动机编码器一般是用来测量电动机转速和转动方向的一种传感器。

  3. 电动机编码器的原理是将位移转换成周期性的电信号,再把这个电信号转变成计数脉冲,用脉冲的个数表示位移的大小。通过脉冲的频率(或单位时间内的脉冲数)可计算出电动机的转速,而输出的脉冲量由编码器的信号齿决定,信号盘上有多少信号齿就输出多少个脉冲。

【实训工单】

实训工单 1 编码器的测量

车型	陆地方舟	工具	数字万用表、示波器、举升机
时间	45min		

具体实施如下:
1. 编码器信号电压的测量
1)编码器 A 信号电压:_____。
2)编码器 B 信号电压:_____。
2. 编码器信号波形的测量。
1)挂前进档时编码器 AB 信号波形:

2)挂倒档时编码器 AB 信号波形:

3. 通过编码器以上波形计算出此时电动机的转速
本任务低速电动汽车的编码器的额定脉冲:_____。
挂前进档时电动机转速:_____。
挂倒档时电动机转速:_____。

实训工单 2　低速电动汽车无法运行故障诊断与排除

车型	比亚迪电动汽车	工具	比亚迪 VDS2000 诊断仪、数字万用表
时间	90min		

具体实施如下：
1. 填写车辆信息

	请在以下区域填写	扣分	判罚依据
记录车辆信息	整车型号： 车辆识别码： 工作电压： 蓄电池容量： 电机型号： 里程表读数：		

2. 故障点诊断与排除记录表（记录表数量与故障点数量一致）

作业项目	作业内容	备注
故障现象确认		确认并记录故障现象
模块通信状态及故障码检查		
正确读取数据	项目　数值　单位　判断 	如果无相关数据则无须填写
清除故障码并再次读取	确认故障码是否再次出现，并填写结果 □ 无 DTC　　□ 有 DTC	
确定故障范围	电路/插接器外观及连接情况 □正常　□不正常 零件安装等 □正常　□不正常	

(续)

作业项目	作业内容			备注
部件/电路测试	部件/电路范围	检查或测试后的判断结果		注明测试条件、插件代码和编号控制单元引脚代号以及测量结果
		□ 正常	□ 不正常	
		□ 正常	□ 不正常	
		□ 正常	□ 不正常	
		□ 正常	□ 不正常	
		□ 正常	□ 不正常	
		□ 正常	□ 不正常	
		□ 正常	□ 不正常	
		□ 正常	□ 不正常	
		□ 正常	□ 不正常	
故障部位确认和排除	故障类型	确认的故障位置	排除处理说明	
	电路故障		□更换□维修□调整	
	元件故障		□更换□维修□调整	
结果分析	过程分析：_____ _____ _____ _____ _____ _____ 测量结论：_____ _____ _____ _____ _____ _____ _____			